博瑞森图书
BRACE

企业阅读 本土实践

管理 · 人文 · 生活

手把手教你做
专业督导

专卖店、连锁店

熊亚柱◎著

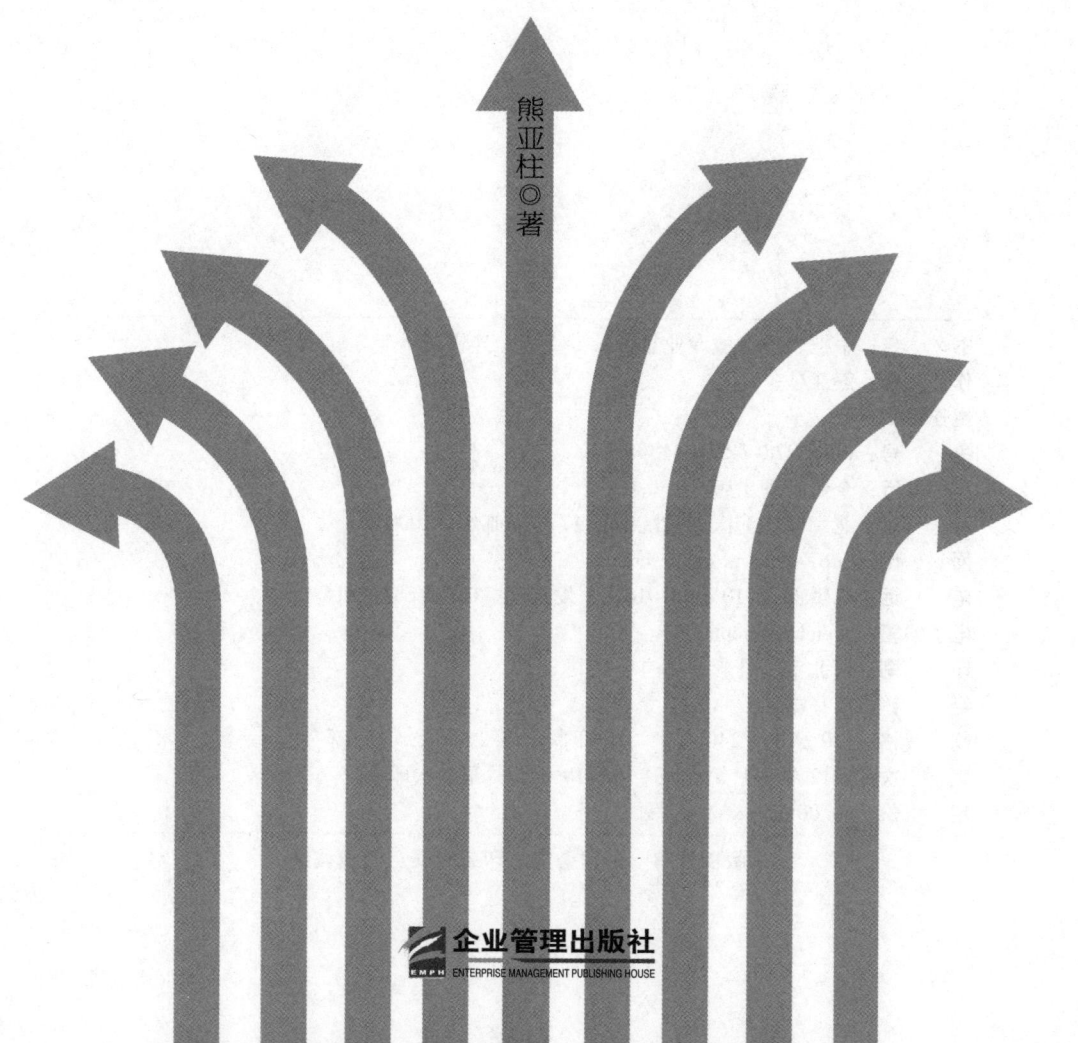

企业管理出版社
ENTERPRISE MANAGEMENT PUBLISHING HOUSE

图书在版编目（CIP）数据

手把手教你做专业督导：专卖店、连锁店／熊亚柱著．—北京：
企业管理出版社，2017.1
ISBN 978-7-5164-1398-2

Ⅰ．①手…　Ⅱ．①熊…　Ⅲ．①专卖店－商业经营②连锁店－连锁经营　Ⅳ．①F717.6

中国版本图书馆 CIP 数据核字（2016）第 274424 号

书　　　名：手把手教你做专业督导：专卖店、连锁店
作　　　者：熊亚柱
责任编辑：张　平
书　　　号：ISBN 978-7-5164-1398-2
出版发行：企业管理出版社
地　　　址：北京市海淀区紫竹院南路 17 号　邮编：100048
网　　　址：http：//www.emph.cn
电　　　话：编辑部（010）68701638　发行部（010）68701816
电子信箱：qyglcbs@ emph.cn
印　　　刷：河北宝昌佳彩印刷有限公司
经　　　销：新华书店
规　　　格：170 毫米 ×240 毫米　16 开本　15.25 印张　163 千字
版　　　次：2017 年 1 月第 1 版　　2019 年 5 月第 2 次印刷
定　　　价：66.00 元

在终端标准化上，督导起着决定性的作用，他们通过标准、检查、反馈、提高这些核心环节，让每个品牌的价值在终端上完美展现出来。

然而，督导要想出色地完成工作，就要找准自己的位置，明晰自己的岗位职责，运用系统化的思维，构建完善的制度、流程、表格及工具系统，才能发挥监督指导终端的职能。本书通过角色认知、技能训练、自我修炼的步骤，全面提升督导能力，从主要技能模块的讲解训练，解决督导在工作中的思路困惑，把督导带出操作不利、没有工具的尴尬境地，使其可以全面洞察市场，辅导员工及有效汇报工作，让督导工作更轻松、更鲜活起来。

有规范、有标准、有秩序的终端店铺就有了无形的气场，通过这样的气场做"无为之事，行不言教"，从而感染一批批的新晋人员，按照符合品牌公司要求的行为做事情，而这一切的起点、过程、结果都在这本书里了，相信您一定能找到自己想要的答案。

序

随着互联网的发展，终端店面的作用和功能焦点发生转移，从原来的品牌连锁功能向以体验店为核心的品牌理念打造形式转变，终端上更多的是拼品牌、服务、形象、口碑等，在这样的市场环境下，品牌总部迫切地需要提升对终端的掌控、监督和指导能力，而这一切的核心在于企业完整的督导体系的建立。

说到连锁品牌，我们就会想到肯德基和麦当劳这些被人传播甚广的企业，他们的神秘顾客制度更是让人津津乐道，这是我们所有人都有的共识。那么什么人发挥了这个作用呢？就是督导部门，他们在其中发挥了重要的作用。随着各大公司品牌意识的增强和产品国际化的发展，督导的职能必将逐步扩大，他们是这个市场的主力军，年薪30万元打底，100万元不封顶的收入也让很多人心动，然而，督导的综合能力要求却相当高。

从监督指导到培训提高，给出建设性的意见方案是一个完善的系统工程，那些只凭借一时的销售经验的督导，因为没有系统的理论模型作为参考标准，无法系统化地指导店铺工作，无法充分发挥他的督导作用，起到为企业提升品牌服务水平的作用，因此市场迫切需要有这样一套书籍教程。

本人结合多年的终端走访指导咨询经验，整合现在流行的思想理论，系统梳理出督导的核心技能，阐明督导的岗位职责、工作流程及基础技能，同时结合督导的具体工作内容，对相关能力进行针对性的指导训练，并提供有效的流转表单工具，让你即学，即看，即用。本书从理论到实践，从方法到技巧，从工具到表格，手把手地帮助你成为一位优秀的全能督导，这实在是一本难得可贵的督导教练枕边书。

熊亚柱

2016 年 9 月

目录
Contents

上篇

督导核心技能

随着中国品牌连锁店行业的快速发展，前些年越来越多的企业正在由单店模式向品牌连锁经营模式扩张。随着科技的发展，特别是互联网化、电子商务的发展，店面多少变得并不是重要的，而店铺的服务质量、体验感觉才是最重要的。体验店的概念无处不在，然而，当店铺的数量逐渐增加，越来越多的管理者发现对店铺服务质量的控制变得越来越难。店铺越多，摊子越大，管理难度越大，店铺平均效益反而越小。

这种现象在品牌连锁经营中普遍存在，也是每家连锁经营发展过程中必然要面临的问题。于是，建立有效的督导体系势在必行，只有督导才能解决这个问题。通过系统化的监督管理，进行标准化的复制，让品牌内核植入每家店铺，让优秀复制优秀，品牌店面才能一起发挥出无穷的力量。

根据个人公司多年的咨询管理经验，并结合多年服务终端店铺的咨询顾问经历，笔者总结出了服务连锁经营企业建立督导体系的"3W1H"原则，具体包括：WHAT（督导什么）、WHO（谁来督导）、WHEN（何时督导）、HOW（怎么督导）。

一、督导是做什么的

1. WHAT：督导什么

所谓督导，就是督促和指导。督导工作并不能简单理解为检查和考核，有效的督导工作应包括两个方面，即发现问题和指导下属。

督导工作不是仅仅为了去发现各个店铺日常经营中存在的问题，而是帮助这些店铺改进和完善，进而有效提高其管理水平和经营业绩。

对于服务的店铺，督导的内容一般包括：

（1）企业文化督导：主要是对企业文化理念的熟知程度、企业文化活动开展情况进行督导。

（2）店面形象督导：主要是对店面周边环境、店内布局、店铺 VI 形象（视觉识别系统）、设备陈列、店面展示陈列状况进行督导。

（3）商品陈列督导：主要是对商品的空间配置、色彩配置、种类配置、商品价格、促销策划、促销状况进行督导。

（4）库存管理督导：主要是对库存账务、商品包装、质量、来源等进行督导。

（5）接待服务督导：主要是对车主接待流程、服务内容、接待技巧、档案管理进行督导。

（6）项目标准化督导：主要是对各个项目的施工标准化、施工技术、操作规范进行督导。

（7）仪容仪表督导：主要是对员工着装、工作牌佩戴情况、言谈举止和精神面貌进行督导。

（8）培训工作督导：主要是对培训计划、实施情况、培训人数、培训覆盖率、培训记录和培训效果进行督导。

不同的企业可以根据自身的具体情况确定督导的内容，并在不同的时期确定阶段重点督导内容，将之细化为可以操作的检查表格、规范和作业指导书。

2. WHO：谁来督导

服务品牌连锁企业一般会设立总店或总部并会设立相应的组织机构，以此来对各个分店进行管理。而专职督导员则包含在总店或者总部的组织机构里面。

要想做好督导工作，就必须对企业的整个连锁经营体系非常了解，对总部、分店的人、财、物等信息全面掌握，不然督导工作就会流于形式。

对于督导员的技能要求可分为三个部分，即实际操作技能、人际关系技能、管理技能。

（1）实际操作技能：要想做好督导员，必须具备实际操作技能，即要对连锁企业开展的各个项目具有良好的实际操作能力，熟悉各个项目的标准化作业流程，熟悉接待服务流程。

（2）人际关系技能：督导员必须具有良好的亲和力，能够和员工打成一片。对于不同性格的员工，可以采取灵活沟通策略，教导他们按照规范的流程作业。而且要具备敏锐的感觉，可以感知员工的心里想法，有针对性地进行指导和教育。

（3）管理技能：督导员必须熟悉企业连锁运营体系的各个流程、规范和制度，并具备一定的管理能力，在店面的日常运营、管理方面具有较丰富的经验。

以上是一个督导员做好本职工作的必备技能。可以这样说，一个好的督导员一定是一个合格的店长。督导员必须具备全面的技能，才能真正做好督导工作。

3. WHEN：何时督导

督导工作是一项周期性工作，需要我们定期地、周而复始地开展，不是等问题频繁发生的时候才想到督导。

对于目前处于不同发展阶段和店铺规模的服务连锁企业而言，可以根据自身的实际情况决定督导工作的内容、频率和力度。

根据近年来对车业服务连锁企业的顾问咨询经验，督导工作可分为日常督导、定期督导和专项督导三种。

（1）日常督导：就是店铺日常性工作的督导方式。连锁企业可以将这部分职能下放给各个分店，由分店按照连锁总部制订的规章、制度每天填报相关报表，按照要求提交给连锁总部。具体督导的内容由连锁总部根据自身的实际情况制定。

（2）定期督导：品牌连锁企业可以根据自身情况以季度、月度、旬、周为周期来进行，由督导员以巡店方式进行督导，并提出改进建议。

例：某服务品牌连锁企业以周为督导周期对下属的 7 个分店进行督导工作。通过 1 年的督导工作，目前，7 个分店都能完全按照连锁总部的运营规范进行日常运营管理。

（3）专项督导：是依据行业相关政策、法令或企业近期经营管理环节发生的重大问题进行专项整治，比如用电安全、财产安全专项督导等。

4. HOW：怎么督导

对于服务连锁企业来讲，目前最常用的督导方法主要是日常督导。日常督导就是连锁总部的督导员到各个分店，对店铺的日常经营情况进行监督和指导。

在日常督导中，店面巡视是最重要也是最基础的工作。在日常的巡店过程中，要特别注意督导工作必须细化，不能走马观花，只做表面文章，必须根据督导手册和规范（包括操作流程、作业标准化指导书等），检查分店的日常操作行为是否规范，观察分店员工的实际工作状况。

为了便于读者掌握督导的实施细节，在这里介绍一种店面巡视的基本工作流程，即"四步法"督导工作流程。所谓"四步法"就是"望""闻""问""切"的督导工作方法。

（1）"望"即用眼睛看。就是通过对门店现场的观察去判断员工的工作是否到位，是否在按照流程、规范做。

（2）"闻"即听。就是通过声音来感觉员工的服务质量，比如接待的招呼声、与顾客的交谈声、与顾客的道别声，等等。

（3）"问"即沟通。在巡店过程中要非常用心地与顾客、店长及员工进行沟通。一方面要从顾客方面了解他们所需要的商品，了解他们所需要的服务，以及了解我们工作中存在的问题；另一方面从员工方面了解他们的工作状况、改善需求。

（4）"切"即检查。每个门店都有一些基本台账，通过对这些台账的检查可以反映出店长平时的管理现状及效果。

通过"四步法"，督导员就可以得到完整的店面现状，然后通过整理、归纳，形成书面的反馈报告和整改计划，包括对门店所存在问题的及时解决，也包括对一些涉及其他部门问题的传达，要求分店在规定的时间进行整改，并在下次督导的过程中对这些问题进行检查、确认和反馈。

二、督导员的职责与工作流程

1. 督导员的工作职责

督导员负责对公司所有直营体系的日常管理，是承接公司与一线员工的纽带。

（1）了解公司的品牌定位，负责整个直营、联营、加盟终端的形象维护及规范化经营。

● 不定期地对各终端网点进行巡检，为终端客户的规范化经营提供指导性意见，及时将巡检结果反馈给主管部门。对违规店铺可提出整改方案，并跟踪整改全程。

● 负责所有终端店铺陈列、培训、促销及现场辅导。

● 协助销售部做好公司展厅的样品陈列及管理。

● 熟悉终端卖场运营管理及规范，并严格贯彻到实际工作中。

● 参与负责各终端开业方案、开业促销活动的策划与执行。

（2）熟悉产品知识，提炼产品卖点，并负责推广至各个销售终端，指导导购员、店长将其贯彻到日常销售工作中。

（3）负责公司的各个终端培训方案的拟定与执行。

● 根据公司直营店的整改、促销等计划，有针对性地制订短期训练方案并组织实施。

● 负责店长、导购员培训计划的拟定及组织实施。

● 不定期地收集、听取各终端网点关于培训方面的信息和建议，并负责根据实际需要修订教材，建立公司的培训档案，保管相关培训资料。

● 根据实际情况，拟定公司培训方案并执行，营造导购团队良好的学习氛围。

（4）做好直营终端人员管理及招聘工作。

（5）及时向相关部门反馈市场运营信息。

（6）准确及时地收集竞争对手信息，并向相关主管部门反馈。

（7）根据市场需要，协助直营部经理策划、实施各类广告、公关、促销活动。

（8）主动与分公司各部门沟通配合，营造良好的工作氛围，完成分公司各项工作任务。

（9）及时完成临时性工作任务。

2. 督导前的准备工作

督导每次出差前需准备以下4个基本工具：

（1）客户档案资料：新店店面布局图、货架陈列图、SKU 数（库存量单位）、客户联络名单、本次督导任务单等。

（2）讲课资料：须携带电脑并带《店员培训 PPT》《店铺标准服务》《标准陈列手册》《公司导购手册》。

（3）销售和管理表格：公司要求填写的"店铺报表系统"的电子文档、《店铺检查表》《竞争品牌信息表》、当季橱窗方案。

（4）培训、日志：工作笔记本、日历、日程安排，日、周、季度工作计划工作重点、销售进度计划与实际达成资料等。

3. 新店督导工作流程

（1）开业前7天协助商品部按照新开店的图纸、公司存货确定首批上货量和适宜的促销方案交客户确认。

（2）一般提前2天到达店铺现场，首先与客户进行沟通，对店铺所需的人数、店铺制度及薪资结构等问题进行确认。沟通后做好开业现场工作倒计时。

（3）对现场施工情况进行及时检查、跟进，确保装潢质量。

（4）现场装修完毕后对施工结果进行验收，如发现问题立即进行现场整改，并对灯光、音响、空调等进行调试。

（5）提醒客户或店长购买日常用品、兑换零钞（专卖店），做好开业准备。

（6）组织所有员工协同客户对公司所发货物进行清点，包括道具、辅料、宣传品、货品等的核对。如完全正确，可让客户现场确认；如反复清点后数目不符，可将情况即时反馈货品管理员，并及时调整。

（7）对员工进行现场道具的讲解，并按照货品的陈列主题要求带领员工进行货品陈列，在陈列过程中或陈列完毕后再将陈列思路、标准等对员工做进一步的讲解。

（8）组织员工现场实习，强化优质服务和销售技巧，便于开业当天忙而不乱地开展工作。

（9）对开业当天各岗位责任人员的工作重点跟进，并鼓励大家热情服务；鼓舞员工士气，努力完成当天指标。

（10）进行实地演练。

（11）督导员回公司后，需两日内填写《（　　　）新开店状况分析表》（见附表），并发至督导主管、商品部经理、销售部经理、营销副总处。

督导员的技能是综合的，是所有店面的"总理"，什么都要管，大到市场洞察，小到标价签摆放。因此，这个岗位所需技能甚多，也是极其锻炼人的岗位，掌握了本岗位的技能，对未来的发展会有很大的帮助。

三、督导的市场调查技能

1. 巡店进行暗访调查

规范一点的企业，督导人员每周都要提交店务诊断报告，并且要附有巡店记录和店面形象整改的照片。

在终端上，很多人学了很多理论知识，但是一到用的时候，却不甚有效，这就需要构建属于自己的暗访巡店框架。不同的企业略有不同，但都是可以借鉴的，下面笔者把大致的 8 个步骤介绍一下，希望能给各位伙伴提供一些指引。

巡店是店务诊断的前提和基础，其作用是为店务诊断提供基础信息资料，我把它理解为感性的；而店务诊断是成果的输出，是理性的。我们在巡店的过程中，要把自己定位成一个感性的消费者。其实最好的方法是直接以消费者的身份进行暗访巡查店面，具体的 8 个步骤是：

（1）看门头与外围。我们讲销售围绕三个指标展开，即进店率、成交率、客单价，首要的是进店率。品牌与产品很重要，但在很多区域，消费者倾向于选择什么样的门店呢？自然选择门头宽、干净整洁、灯光强、环境舒适、服务最佳的，他们认为这就是大牌的体现。此时，我们要检查门店的外立面，看灯光、橱窗陈列效果，及时更新户外灯箱片。

新品上市之前，看准备工作是否充足。比如，门头装有 LED 的，上市前就要进行氛围的渲染，打出新品上市及推广活动信息字幕。还有更好的方法，就是在新品上市前和上市期间，在每个店门口挂一幅条幅，统一使用公司模板。这种宣传具有直接的宣传效果，吸引更多的受众进店。大家把新品上市推广的门头照片及时传给公司，就能汇聚出很多的优秀案例。对于做得不到位的地区，我们也可以通过对比发现问题并加以改进。

（2）感官营销。从消费者的感觉出发，进店的第一视觉感受，看整个门店的色彩搭配是否和谐、是否让人感觉舒适；听觉上，是否播放让人舒服的音乐、公司配套的新品上市视频音乐等；嗅觉、味觉、触觉不再赘述。氛围浓郁的区域可以吸引顾客的视线，反之，则没有吸引力，无法激发顾客对此区域的兴趣。我们可以通过吊旗、平面、立模、道具、橱窗陈列等，营造区域主题氛围，调动顾客的感官系统。

（3）导购员服务评价。我们暗访时，本身就是顾客身份，可以就导购员的形象、产品的特点、价格、促销方案等进行提问，检测其熟知度，在此过程中，涵盖了对导购销售技巧的考核。

（4）看推广方案。是否有按公司模板去推行，价格是否统一或与活动要求一致，是否需要根据本地区情况制订个性化的方案。

（5）看连带销售。检查门店有无连带销售或者打包组合的方案；观察导购员连带销售的意识是否强烈。门店连带销售能力，决定了产品的客单价，从而影响整体销售额。

（6）判断动线的合理性。有无死角或背角，凭一个顾客的感觉在店里走一遍，就很容易发现问题了，比如门店布局上进口窄出口宽，景点生硬，区域平效低等。

（7）检查陈列手法。各门店都应该把陈列当成是一项重中之重的工作，陈列的目的是形象，而形象的使命是销售。在做陈列的时候要想到你做的这个调整能否立即带来销售倍增的效果？陈列是面子的问题，但主次必须拿捏清楚。建议大家花70%的精力关注可以提升销售的陈列，然后把30%的精力用来关注陈列本身。

关于陈列的场景设计，需要主题平面、产品品种、方案、灯光、赠品、价格、道具、带包装的产品陈列，不是简单的产品陈列展示，要用丝带、气球等对包装进行装饰，提升档次，整齐地摆放，给予顾客直观的视觉冲击。

（8）卫生检查。暗访巡店关注什么，加盟商及终端店面就会关注什么，加盟商关注了，员工就会关注。用一张白纸或白手套进行地面的随机擦拭，就能够看到明显的效果。

对于以上8个方面，在暗访中不分先后顺序，根据自己的情况随机安排，回来后提炼和总结，把学到的知识内化成自己的东西，最后每位督导人员形成一套自己的方法。学而时习之，巡店暗访的成果产出将更加丰富。

2. 检测员工技能现状

检测员工的技能，是督导员对自己员工了解和掌握的基础信息。所谓知己知彼百战不殆，检测员工的技能就是认知自己的过程。根据各个品牌督导的对象和内容不同，我们可以设置不同的标准进行服务技能的检测。

（1）方法一：基础知识考试。

这里要强调的是《基础知识考试》，就是最基础的考试内容，如公司文化、产品知识、公司制度等，以 100 分制拟定，哪怕是考过的新员工试题都可以。在我们督导的实践过程中会发现，很多人基础知识掌握得十分薄弱，也就充分显示了导购员的能力水平不足。分数既可以在全国各个大区域进行比较，也可以在小区域内各个店铺进行比较，很容易就能看出差异，往往可以看出，这些差异与客户投诉的比率是吻合的。

举例：某品牌全国员工基础知识检测样本反馈

共采集样本 665 人，分别是北京 120 人，成都 141 人，南昌 110 人，南京 160 人及石狮 134 人，整体平均分 61.2 分。从基础知识掌握来看，各个区域不平均，整体水平偏低。南京和石狮地区平均成绩没有超过 60 分，说明导购基础知识水平偏低（如图 1-1 所示）。

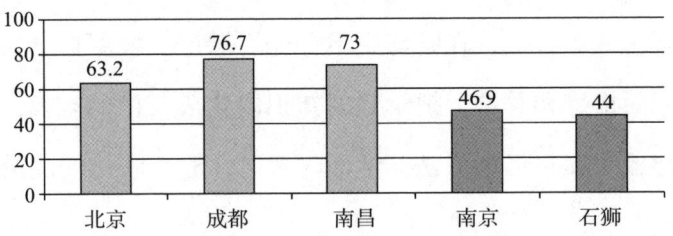

图 1-1 某品牌全国员工基础知识检测样本反馈

考试的基本流程与注意事项：

- 准备基础的知识考核试卷。

- 考试最好集中到公司进行。

- 督导也可以在巡店时进行。

- 评分统计，分析对比，找出差距。

（2）**方法二：巡店观察。**

督导员通过巡店观察员工的技能和服务是很有效的手段，需要通过问答来检测员工的服务和技能，通过对不同的回答和行为的观察来做出总结判断。相关问题如下：

- 我们公司的品牌价值是多少？

- 公司成立于哪一年？拥有哪些品牌？

- 我们产品的优势是什么？

- 本次促销活动的主要内容是什么？

- 请给我介绍一下这一款产品的优缺点？

- 我为什么要购买你们公司的产品？

- 这款产品销售怎么样？

- 某某品牌跟我们公司品牌比有什么优势？

- 你根据我的造型给我设计一下，看看你们公司什么产品适合？

- 如果买了你们的产品，效果不好怎么办？

……

根据导购回答的流利程度、语音语调，亲和力状态等，综合评定导购员的现有能力水平。

（3）**方法三：暗访检测。**

- 暗访准备：准备好暗访设备，比如录音笔、手机等，一定保持电量充足。

- 暗访培训：如果是一个批次的人都下去进行暗访，一定要进行暗访培训，不然很容易暴露。关于暗访的内容也容易遗漏，所以要对关键的暗访事项进行培训。

● 暗访巡店：巡店过程依据要点一步步展开，进行正常的客户交流。

● 证据收集：通过偷拍、录音、录像、观察等收集全面的第一手暗访证据，便于后期的整理。

● 整理要点：整理各个问题点、关键点，把所有数据进行汇总，导购员的能力水平就自然呈现出来了。

● 撰写报告：把所有的数据撰写成能力报告，作为督导工作下一步行动之用。

表 1-1　某品牌的暗访检测导购及店长的服务标准

序号	内容	细则	权重（%）	责任人	说明
1	着装标准	1. 必须着深色服装	4	店长、导购	70 分以下为不合格；70~90 分为合格；90 分以上为优秀
		2. 佩戴首饰不超过三件	3		
		3. 必须佩戴工牌	3		
2	接待及时	做到 10 秒内接待	10	店长、导购	
3	微笑服务	导购人员在接待过程中保持愉悦	10	店长、导购	
4	产品搭配	对产品花色的组合必须有概念	10	店长、导购	
5	熟知产品熟练计算	1. 熟知产品介绍	4	店长、导购	
		2. 产品的价格执行公司规定	3		
		3. 计算必须熟练	3		
6	组合方案	1. 给客户介绍高中低三套价位方案	4	店长、导购	
		2. 向顾客解释干湿区域用砖的区别	3		
		3. 向顾客解释室内明暗度对于用砖的区别	3		

序号	内容	细则	权重（%）	责任人	说明
7	售后服务优势	1. 免费搬楼	2	店长、导购	
		2. 免费送货（免费退、补货各一次）	2		
		3. 免费直线切割修边	2		
		4. 免费设计铺贴图纸	2		
		5. 赠送定位器及填缝剂	2		
8	成交意识	有成交的动作，比如让客户下单或付定金	10	店长、导购	
9	顾全客户	在门店人手不够的情况下，有多个客户时，可以做到照顾无人接待的客户	10	店长、导购	
10	团队合作	1. 接待补位	3	店长、导购	
		2. 端茶倒水	3		
		3. 帮扶介绍	4		

读者小任务：

各位督导可以根据自己检查的方面，制作技能检测表格，要求如下：

- 明确检查方向：销售技巧、服务礼仪、工作态度等。

- 明确检查流程：从第一步到最后一步，各个环节要明确。

- 明确检查标准：每个环节的标准是什么，清晰可以衡量。

- 明确检查对象：检查的对象责任人。

- 明确检查奖罚：检查过后，奖罚处理的依据是什么。

3. 收集竞争对手信息

从战场到商场，及时有效的情报系统的作用越来越重要，尤其是面对越来越激烈的商业竞争，知彼知此，方能百战百胜。很难想象在当今高度市场化的商业环境中，不依靠市场情报系统，企业的竞争力和生存能力如何得到保证？闭着眼睛打天下的时代早已经过去，独霸天下垄断行业的黄金时代已一去不复返了。

作为督导工作者，不仅要关注自己的品牌和店面，还要关注竞争对手，对竞争对手的各项信息要了如指掌，这样才能做到百战百胜。做出制度与决策有根基、有特色，自然也就能引领市场，成为市场的主导者！

现在绝大多数行业都是一群群的介入者，而市场容量必定有限，渠道通路必定有限，消费者必定有限，高度开放的市场也不可能让各企业排排坐，分果果。既然不可能做到大家都有饭吃，那大家只有抢饭吃。在这个抢的过程中，企业首先要保护好自己，其次要不断研究宏观环境和行业整体动态，最后还得不断寻找竞争对手的弱点下手。后两点就需要情报系统的大力支持。以前是大鱼吃小鱼，现在更多的是快鱼吃慢鱼，对市场、对竞争对手的了解和反应稍慢一拍，就有可能就被竞争对手用长矛挑出局。

那么，这个情报系统的作用可以简单归纳为以下几个方面：

（1）及时了解竞争对手的主动攻击计划，迅速反应，做好相关的保护和规避动作。

（2）及时了解行业发展变化动向，及时调整市场策略和战略部署。

（3）及时了解竞争对手在产品及市场策略的创新及调整动向，以便及时做出应对策略。

收集信息的渠道和方法有很多，其中，通过卖场来收集就是一个很好的途径，具体来说：

（1）采购人员。

品牌督导人员要与商场采购人员搞好关系，利用采购人员手上的信息，如：人员、货品、销量等等，掌握竞争对手的销售策略与动态，当然这个如果让采购人员直接给你，有点不近人情，但是通过聊天、交流收集回来，自己通过分析和加工，做出判断，是非常便捷和有效的手段。

（2）门店人员。

做生意除了采购就是门店了，具体的执行工作其实是门店人员在做，与门店的主管、员工保持良好关系也能方便地得到有利的资讯。其实很多竞争品牌之间都是你中有我，我中有你，自己不方便出手调查，也可以通过自己的店员去了解情况，或是通过刚刚跳槽过来的品牌店员了解情况，这样能够起到事半功倍的效果。

（3）卖场相关人员。

通过拉近卖场柜组长、财务、仓管等人员的关系，以闲聊、公司盘库、核对提成数等名义收集情况。卖场的促销活动基本上是由企划人员来设计的，就算不由他们设计，最后的汇编、排版、组织实施也是由他们来做的，也就是说他们肯定会知道促销的内容、主题、商品和价格。有意识地结识这样的人，也有利于自己的数据收集。

（4）网络搜索。

随着越来越多的企业开始网上营销和促销活动，互联网使搜集情报工作变得更为方便，更富成本效益。各大专业网站的信息发布一应俱全，随便找找就会拿到详细的促销方案，这些都是明面上的事情了。

（5）市场调研。

市场调研是最精准、最客观的收集客户信息的方法，时间不是很及时，工作量很大，价格不菲，让很多中小企业望而却步，一份专业的市场调研报告能从一个旁观者的角度进行审视，这些最好借助专业的市场调研机构来进行，会更加客观和真实，很多专业的调研公司提供了一个集调研、定制咨询和用户分析于一体的解决思路，为企业发展起到很好的借鉴作用，成为很多企业战略研究和发展的参考。

（8）展览会上研究竞争对手。

在展览会上，竞争对手就会在你对面，展示他们最精彩的一面，这是我们可以做第一手市场调研和收集价格等信息的绝好机会。花时间走遍展会的每个角落，尽可能多地收集信息。调查竞争对手，找找自己的产品、销售人员、展品、宣传资料、顾客评价和展会前的营销策略及其在实施效果方面的差距。

当然，在展会上竞争对手也同样了解你，这就要看谁更加有系统的收集方法和策略，有更加精准的分析和更加有效的判断。

对于竞争对手情报系统的建立应该本着实用有效的原则，实用是指花费不高，有效是指这是一个积累过程。关键不在于投入多大或采用什么系统，重点在于建立起不断收集、整理、积累和分析信息的机制，只要持之以恒，也能收到效果。

附表一：《某电器品牌消费者调查问卷》

1. 您习惯去哪里买空调、电视、冰箱？

（　　）（苏宁、国美、五星、专卖店 、超市、网络）

您习惯去哪里买手机？

（　　）（苏宁、国美、五星、专卖店 、超市、网络）

您习惯去哪里买电脑？

（　　）（苏宁、国美、五星、专卖店 、超市、网络）

2. 您有在网站购买的经历吗？是什么网站？（　　）

A. 不在网上消费　　　B. 天猫淘宝　　　　　C. 苏宁易购

D. 京东网　　　　　　E. 其他

3. 您会购买哪些产品？（　　）

A. 食品　　　　　　　B. 服装　　　　　　　C. 家电

D. 母婴　　　　　　　E. 日用品　　　　　　F. 其他

4. 您选择冰箱考虑的价格区间是什么？（　　）

A. 1000 元以下　　　B. 1000 ~ 2000 元　　C. 2000 ~ 3000 元

D. 3000 ~ 4500 元　　E. 4500 元以上

购买大家电产品，您能接受的送货时间是几天？（　　）

A. 当天　　　　　　　B. 次日　　　　　　　C. 三天内

D. 一周内　　　　　　E. 无所谓

5. 您在苏宁选购过哪类产品？（　　）

A. 从来没有　　　　　B. 大家电　　　　　　C. 电脑数码

D. 手机　　　　　　　E. 小家电　　　　　　F. 其他

6. 您来苏宁电器购物的因素是？（　　　）

A. 购物环境好　　　　　B. 价格便宜　　　　　C. 服务好

D. 质量可靠　　　　　E. 其他

7. 您买空调会选择哪个品牌？（　　　）

A. 美的　　　　　B. 格力　　　　　C. 海尔

D. 海信　　　　　E. 奥克斯　　　　　F. 其他（　　　）

8. 您买彩电会选择哪个品牌？（　　　）

A. 康佳　　　　　B. 创维　　　　　C. 长虹

D. 海信　　　　　E. 三星　　　　　F. 其他（　　　）

9. 您的年龄？（　　　）

A. 18 ~ 30 岁　　　　　B. 30 ~ 45 岁

C. 45 ~ 60 岁　　　　　D. 60 岁以上

附表二：《城镇市场竞品渠道状况调研表》

表 1－2　城镇市场竞品渠道状况调研表

城镇名称		GDP		人口数	
主要商圈		社零总额		人均收入	
竞争对手状况：主要竞争对手强势渠道，对本品牌产生竞争冲击的竞争对手					
区域连锁		**工厂专卖店**		**个体卖场**	
营业面积		营业面积		营业面积	
销售规模		销售规模		销售规模	
人员配备		人员配备		人员配备	
薪资水平		薪资水平		薪资水平	
产品价格对比					
产品一					

产品价格对比		
产品二		
产品三		
促销方式		
方式一		
方式二		
方式三		
售后服务		
送货速度		
维修承诺		
其他情况：当地潜力品类、品牌市场状况等		

四、督导员的巡店技能

1. 如何做好巡店计划

巡店之前要做好巡店计划，不盲目地做事情，根据巡店的需要做好安排，为实现巡店目标做好一系列的准备，具体步骤如下：

（1）模块一：确定巡店目标。

巡店的内容都是围绕目标完成的，所以要根据目标情况来进行巡查内容的编排，从而做到有的放矢（具体如表1-3所示）。

表1-3　巡店目标

目标	解析
全年业绩提升	公司所有活动都是为了全年度的目标提升，督导活动也不例外，所以出发前一定要确定好公司、各个区域的业绩目标，根据目标完成情况来进行督察
临时性运营情况	公司需要对各个区域、网点、终端的经营情况进行了解和调查，以反馈现状信息
新店开业巡查	对于新开店铺，硬件装修是否符合公司要求，软件配比是否到位，是否影响公司的统一形象，是否能达到公司的统一标准情况进行巡查

目标	解析
一般性的服务监督	对于终端网点人员的服务巡查，使其符合公司的各项标准要求
店铺人员星级评定	针对店面人员的某项政策规定进行巡店，收集回来的信息，主要用于对于某些人的考核评定
新产品试销巡查	新产品在市场上面的销量情况、公司研发的新品上市情况如何，是否成功，所得信息对销售部和产品部门都有非常重要的意义
市场潜力分析	对于某个区域市场进行市场调查摸牌，看看是否有更大的拓展空间，便于公司开店和销量提升
竞品调查	竞争对手在市场上的情况如何，具体在终端上有什么变化，应该如何应对
其他	督导的工作有时候很流程化，而有时候也很随机。公司任何一项需要进行预期调查、现状反馈、执行结果的事情，都可以让督导来执行，因公司发展阶段不同，战略不同。甚至由于自己的目标不同，都可以设定不同的目标

（2）模块二：梳理巡店内容。

根据目标不同，巡店的内容也不一样，要有不同的倾向性（具体如表1-4所示）。虽然下去之后，只要是店铺的不良行为都要关注，但是要把握好重点，不然就会迷失方向，最后无法完成巡店任务。

表1-4　具体巡店内容

内容	说明
年度计划执行情况	选取核心的年度指标进行盘查，对各个区域业绩波动最大的区域进行重点调查，统计相关数据进行分析诊断
店铺业绩异动原因	收集店铺的产品销售数据、人员移动情况、周围竞品活动分析、商场政策环境等，以锁定销售情况变动的原因
新店开业指导	提前准备计划，协调各方资源，带着工具、带着方法去训练人员，做好一切准备，以达到开门红的预期

内容	说明
服务内容提升	收集店铺迎宾、问好、回答、结账等流程环节中的问题，加以汇总提出解决方案
新产品销售状况	新产品的销售数据，顾客的真实反馈，店员对新产品知识的掌握程度，新产品的生命力周期等
开店拓展调查	预期开店周边环境、商业氛围、租金、客流量等
竞争对手策略	竞争对手的促销政策、人员编制、服务水平、未来战略

（3）模块三：巡店方法。

具体方法如表 1 - 5 所示。

表 1 - 5　巡店方法

方法	操作
明访	直接表明身份，进行突击检测，一项项查看。由于明察，所以能够查得很细致，检测店面的细微之处
暗访	隐瞒身份，通过自己或是他人以顾客形式进入店面。由于店面人员不知道，可以看到店面的最原始状态。也可以自己设置不同的身份，进行场景演绎，测试员工的各种应变能力
观察	利用一大段时间，最好是一天的时间，在一家店里观察店面中所有人的举动、行为，找出所有的不足，然后为店长店员开会，进行总结和提高，让他们清楚地知道该从哪里进行提升
考试	考试可以是试卷形式的，也可以是问答形式的，总之，根据需要对店面进行测评和考核，可以提前预告，也可以临时发挥，突袭问答
指导	根据某项事情的要求，对店长和店员进行指导，直到他们能够明晰公司的要求为止
训练	很多技能都需要训练，针对一个技巧让员工反复练习，如接待的过程、销售的话术、引导的姿势等
说明：督导巡店的方法很多，以上方式，大家可以根据目的和内容的不同进行使用	

附：《某知名品牌三四级市场发展巡店计划（展示版)》

三四级市场战略发展项目组巡店计划（展示版）

（1）调研内容。

表1-6 调研内容

调研块面	调研对象		主要调研内容
内部访谈	企业管理层	调研核心内容	三四级市场战略、未来发展方向
			三四级产品策略、品类组合政策等
			企业市场营销组织机构
			三四级市场线上、线下发展状况
			连锁品牌的企业文化
			连锁品牌的团队建设
	代表性店长	调研核心内容	三四级市场竞争及发展业态，如地方卖场、专卖店等
			三四级市场店铺品牌推广、人脉关系维护现状及难点
			三四级市场服务策略、物流配送、安装维修
			三四级市场店面促销执行、联合促销、跨界营销
			三四级市场的终端维护管理、团队管理
			三四级市场采用的市场推广、拓展手段方法
			三四级市场拓展现状及未来发展趋势
			与竞品的优劣势对比及应对策略
			与供应商关系调研
消费者调研	消费者随机调研访谈	调研核心内容	三四级市场用户在购买电器主要考虑的因素及习惯
			三四级市场用户在购买电器的价格敏感度
			三四级市场用户在购买电器的品牌偏好度
			三四级市场用户在购买电器的品牌忠诚度
			三四级市场消费者消费特征

注：以上仅为调研的基本框架，具体调研有专门的访谈提纲。

（2）**调研方法**。

在本次调研过程中，将在常规的调研基础上，采用独有的调研工具，对店面和三四级市场进行精确的剖析和解读，从而找到店面成长的空间和方法。

表1-7　调研方法

调研工具	适用场合	具体方法	场次	地点
深度访谈	内部访谈	调查人员与企业内被调查者之间就给定的主题进行面对面的交谈，沿着调查内容主线而获得所需要的相关信息	N次	公司总部
	店长及导购访谈		N次	被选区域
内部座谈会	（店长/导购）座谈会	调研组和企业员工一起座谈了解三四级市场情况，了解内部管理及市场顾客状态，遇到的主要问题	两场，每场6~12人	待定
内部研讨会	内部访谈	在对本培训项目有一定了解的基础上与企业内部人员共同就某一专题进行研讨，确定问题所在	3场，课程开发部、三四级市场部	总部及区域
焦点小组	用户座谈会（定性）	每场邀请几位代表性的VIP参与座谈	1~2场	被选区域
用户问卷	用户问卷（定量）	通过大样本量用定量分析的方式得到市场前线信息	100份	被选区域
后台支援	调研全程	在调研过程中就某个专项问题交由公司策略研究中心处理	3次以上	专家团
专家讨论法	调研全程	在调研过程中就某些问题与相关领域的专家进行讨论	3次以上	专家团
对标分析	调研全程	将两个企业从市场策略等多方面进行对比，研究其不同之处	1次	专家团

注：专家研讨场次是指要求项目组以外的公司内部专家或是外部专家进行交流研讨的次数，项目组成员内部专家研讨次数无法统计。（N次）

（3）内访对象。

表1-8　核心部门及管理层访谈

部门	访谈目的	访谈人数	拟定人员	实际访谈
项目办公室	了解在三四级市场整体推进中遇到的问题	2人		
商品规划部	了解三四级市场商品规划策略及出样标准，以便于在市场走访中对比勘察执行状况	4人		
开发筹备部	了解在市场开发方面的标准和遇到的问题，以及选址装修的标准，以便客观评价店长的运营能力	1人		
物流筹备部	了解三四级市场物流方面的相关工作有哪些障碍	1人		
售后筹备组	了解三四级市场在售后服务方面顾客有哪些不同的诉求	1人		
定价促销组	了解三四级市场定价促销策略	1人		
人事部	了解三四级市场人事招聘及人才选择的特征及规划	1人		
市场策划组	了解在三四级市场的策略方案，有哪些执行困难的地方	1人		
课程开发部	全面了解对三四级市场在培训工作方面的支持情况	2人		
合计		14人		

备注：以上的所有访谈内容仅仅是为了了解贵公司各个操作方面对店长的基本要求，便于督导组在走访市场的情况下验证与评价店长的工作能力。具体人员只是暂定，根据实际情况可以调整数量和人员

附：调研城镇选择思路

(1) 调研城镇选择思路。

表 1－9　调研城镇选择思路

城镇选择思路	考虑角度		具体内容	拟定省市
调研的指导原则	重点区域组合原则		点面结合，既要有重点区域的深度研究，也要有一般性乡镇常规调研。通过重点区域和一般性区域的组合来了解某个区域内的总体情况	安徽、山东、湖南、湖北、河南
	调研深度原则		重点城市调研需要有纵向深度，选择某个省从一线的店面到四线的店面进行纵向深入调研	安徽
影响城镇选择的因素	市场角度		市场容量大的市场为调研重点	安徽
			具有代表性的市场为调研重点	山东
	竞争角度		强势市场为调研重点	滁州、马鞍山
			主要竞争对手强势市场为调研重点	临沂、济宁
			蕴含进攻机会的市场为调研重点	襄阳、宜昌
			与竞争对手存在显著渠道差异的市场为调研重点	宣城

(2) 调研城镇选择思路。

表 1－10　调研城镇选择思路

区域选择思路	调研内容	拟定店面
运营良好的标杆区域	找到可以负责学习的范例、模式进行推广	滁州定远曲阳路店
运营不好的典型区域	找到典型的原因，寻找方法根除	宣城宁国宁阳中路店
有潜力但没有运营好的区域	找到发现问题、解决问题的路径进行改善提高	阜阳太和人民路店

（3）具体城市选择及访谈数量。

根据沟通初步确定以下城市（如表1–11所示），预计在完成内部访谈后，项目组会与贵公司再次确认选择具体调研的城市。

表1–11　具体城市选择及访谈数量

分类	城市（数量）		调研对象（数量）				具体说明
			管理层	店长	督导/营业员	消费者	
核心调研	安徽	合肥	1	1	3	10	对四个级别的市场店面运营情况做全面了解，便于对比找出三四级市场的不同特征
		滁州	1	1	3	10	
		全椒、定远宁国、郎溪		4	12	40	
	山东	青岛胶州、即墨		2	3	40	增加样本量，了解不同省份的特性
		临沂济宁汶上济宁梁山	1	4	3		
	河北	唐山唐海、滦县	1	2	3	40	增加样本量，了解不同省份的特性
		邯郸魏县、永年	1	2	6		
	四川	重庆大足区、铜梁县泸州泸县、合江	1	4	12	40	
	广东	中山坦洲　东升台山　开平	1	4	12	40	

续表

分类	城市（数量）		调研对象（数量）				具体说明
			管理层	店长	督导/营业员	消费者	
补充调研	上海	嘉定、金山	1	2	6	20	
总计			5	20	60	240	

注：1. 调研一线市场也要看，这样有一个很好的对比，对课程需求定位有很大的帮助
2. 由于店面太多，时间短任务重，可以采取电话访谈形式增加样本量，从而获得更多的信息

（4）三四级市场战略发展项目组巡店计划计划表。

表1-12　三四级市场战略发展项目组巡店计划计划表

时间	8月								9月							
	24	25	26	27	28	29	30	31	1	2	3	4	5	6	7	8
北线	全椒	定远	合肥	宁国	郎溪	路上	即墨	胶州	汶上	梁山	路上	魏县	滦县	唐海	永年	补充
南线	全椒	定远	合肥	宁国	郎溪	路上	大足区	铜梁县	泸县	合江	路上	坦洲	东升	台山	开平	补充

2. 如何做好巡店前准备

巡店前需要做一些准备工作，以促使巡店管理顺利进行。督导在做巡店管理时，不能到了出差时间或者为了出差而出差，而应当是带着目标，为解决问题而出差。具体的巡店准备（如图1-2所示）：

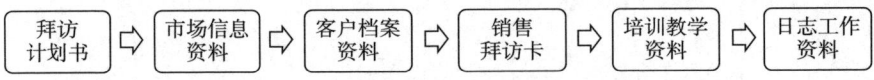

图1-2　具体的巡店准备

（1）拜访计划书。

包括拜访时间、拜访客户、拜访所要完成的报告、所需要的辅助工

具、拜访所期望解决的问题，巡店的工具主要是销售文件夹。销售文件夹可以放入销售所需的销售提案、数据分析、效果图、参考资料等，里面可存放客户档案资料、销售拜访卡等。销售文件夹将有效提升销售的专业性和说服力，同时提高巡店管理的效率。

（2）**市场资料收集。**

包括区域客户信息，如市场份额占比、店铺数量有分布；各城市间路程、预计路途时间和区域交通信息；客户近期生意有何困难，是否有新开或整改意向；近期客户生意如何，竞品如何，与公司业务层面配合情况及其他相关信息的整理。

（3）**客户档案资料。**

本次拜访的客户资料卡、店面布局图、货架陈列图、相关单据、历史销售数据、联络名单、名片复印、公司资料等。

（4）**销售拜访卡、数据表格。**

公司要求填写表格，如销售数据记录表格、店内检查记录表格。

（5）**培训、实地教练资料。**

培训记忆卡片、资料等，便于复习索引，以及实地教练资料、店内改进行动方案。

（6）**日志、工作资料。**

工作笔记本、日历、日程安排，日、周、季度工作计划、工作重点、销售进度计划与实际达成、客户发展规划。

3. 如何做到有效科学地巡店

现阶段，大部分企业已经过了快速发展和膨胀期，进入平稳发展阶段。于是，企业的经营模式也从快速、大量开店来提升业绩，转变为通过精细化运作来提升单店业绩。在这种背景下，督导运作要与时俱进。

督导巡店的乱象：

（1）督导工作没有统一的管理规范。督导要么无所事事，要么像救火队员，工作常常处于被动状态。其实，督导的工作不应该忙于解决突发事件，而应该有年度、季度、月份的工作计划。什么时间考察哪个市场，考察哪些方面，如何去发现并解决问题。只有这些标准建立起来之后，公司才能主动去管理加盟商和店铺。

（2）有的督导把巡店工作变成了旅游和闲逛。在督导巡店的时候，经常发现督导不是去积极地了解市场信息、辅导加盟商、培训店铺人员，而是全国到处闲逛，跟加盟商聊聊天，吃吃喝喝加深一下感情，然后又开赴下一个市场。

（3）督导缺乏发现问题，解决问题的能力。有些督导擅长夸夸其谈，对行业大事小情了解得挺多，感觉挺唬人，其实让他到店铺里真正操作一下却不行，因为没有真本事。其实这是因为企业粗放惯了，自然督导也会用粗放的方式来工作，店铺管理也就只能粗放了。

分析问题的原因：

一是公司缺乏工作标准、培训不到位，没有建立相应的绩效考核制度。

二是督导责任心不强，过分依赖以前的工作经验，没有积极上进的学习精神，没有把加盟商和店铺的事情真正重视起来。

三是缺乏工作技能，不知道巡店应该做什么工作，不能发现加盟商和店铺的问题，至于解决问题就更谈不上了。

督导，你该怎样做？

在越来越重视终端体验感的今天，督导如果没有很强的责任心、高超的工作技能、管理加盟商的方法和手段和培训营业人员的能力，长此以往只能被淘汰出局。下面，我们就来探讨一下督导如何巡店，如何诊断店铺的问题。

（1）科学巡店第一步：做好巡店规划。要提高终端的巡店质量，就要根据公司的发展战略，科学地规划巡店计划。首先要明确巡店的重点在哪儿、最有潜力的是哪些市场、最有可能出现问题的是哪些市场，然后根据各市场的情况，确定合理的巡店频率、巡店路线和时间。根据80/20法则，督导80%的精力要用到最有可能产生业绩的20%的市场。这些市场包括：

● 实力强大的加盟商：一个加盟商的优劣往往就决定了该品牌在当地市场的业绩。所以，督导在巡店的时候，一定要特别关注实力较强的加盟商，认真听取他们的心声，解决他们的问题，把他们树立成标杆市场，使其他加盟商有学习和仿效的对象，找到前进的方向。

● 单店业绩突出的店铺：品牌店面经营的威力在于复制。督导就要像一个火种的传播者，把优秀店铺的成功经验复制到其他的店铺。

● 公司需要重点掌控的形象店和旗舰店：因为这些店铺不仅仅是销售业绩好，它还是一个良好的品牌宣传途径，是消费者了解该品牌的窗口。

● 销售业绩不稳定的店铺：了解这些市场的竞争情况，竞争对手是否有新的动作，商场是否有调整等。

● 销售业绩不温不火的店铺：重点了解整体的市场环境，做好导购员的思想工作，通过仔细的调研来发现问题，并通过培训等手段提升加盟商和营业员的工作技能。

（2）科学巡店第二步：巡店分析市场。市场环境分析包括，市场的范围界定、竞争者及消费力的概况等方面的情况，如：

● 市场规模与饱和度分析：市场的层次很明显，不同风格店铺品牌的市场规模和饱和度，在不同的时期和市场上都会有很大的不同。

● 竞争者分析：对于每个市场来说，前三位的品牌、代表公司的产品、公司状况都是必备的资讯，对于市场领导品牌，紧随其后的品牌动向及其公司资讯，也是不可或缺的。这些资讯包括：竞争品牌的宣传推广活动、新产品的款式、价格带、店铺管理和服务水平等方面。

● 消费者和消费分析：所有公司都会盘点货品，其实顾客更需要盘点。对顾客进行不同类型的分析，了解各类顾客的消费偏好和品牌满意度，才能提供有针对性的服务。

（3）科学巡店第三步：巡店时分析店铺。督导需要练就一双火眼金睛，能发现店铺存在的问题，并提出解决方案，店铺诊断项目主要包括以下内容（如图1-3所示）：

店长能力 ⇨ 营运能力 ⇨ 销售服务力 ⇨ 展示陈列 ⇨ DM促销力

图1-3　店铺诊断项目内容

● 科学诊断一：店长能力

是否充分理解店铺经营理念及落实的工作方针？

是否具有计划并执行的能力？

对于部属是否具有协调、指导、提升等领导能力？

是否具有收集顾客资料、建立顾客关系、处理顾客抱怨等顾客管理能力？

是否具有充足的商品知识并能训练部属使其具有同等能力？

是否重视商圈的经营，包括消费者、竞争店的情报的调查？

对于公司内部的各项管理规章、作业流程，是否充分了解并能实践？

是否能随着企业的成长不断进修、自我提升？

● 科学诊断二：店铺营运能力

店铺人员是否了解店铺的经营情况？

是否鼓励店铺人员对顾客服务和商品的管理（上货时间、展开手法）提供其经验与建议？

是否要求店员对于本店与竞争店的定位差异、市场占有率等互动的因素，定期进行市场调查并提出改善对策？

是否设定可供学习的模范店和应学习的重点，并持续观察、吸收、切实应用到自己店铺工作中？

是否持续追踪销售与库存对应关系，确保以畅销品为中心的商品结构？

是否制作特卖计划，切实执行并检讨反省以作为改善的依据？

是否调查、记录、追踪竞争店的促销活动，并分析原因，以应用到竞争对策中？

是否训练店长与营业员能熟练使用陈列道具并能塑造易看、易选、易买的卖场？

● 科学诊断三：店铺服务能力

店员是否衣着整洁、化淡妆？

店员是否心情愉悦、充满自信、动作迅速？

店员是否利用闲散时间整理卖场或处理行政工作？

店员是否令人容易接近并产生信赖感？

店员对于收银及包装动作是否熟练？

店员是否能正确掌握接近顾客的机会？

店员的商品知识是否丰富，并能简明地介绍给顾客？

销售人员的专业知识、流行资讯、市场情报及同业动态是否能清楚掌握？

店铺色彩搭配与照明是否表现出魅力？

动线设计是否合理，能引导顾客进入并选购商品？

卖场商品的展开是否能表现出主题、并将重点介绍给顾客？

卖场 POP 的效果是否发挥，有无错误、污损、过期情况？

- 科学诊断四：展示陈列的诊断

所选展示陈列的商品是否符合诉求的主题？

关联性商品的选择是否合适？

陈列道具的使用是否与商品形象一致？

商品的特色是否能充分表达？

商品价格标示和 POP 是否齐备？

展示陈列商品的量感是否控制适当？

展示陈列空间的灯光是否控制合适？

展示陈列的商品是否有足够的库存？

照明、音响等设备是否齐备？

- 科学诊断五：DM（直投广告）促销力量诊断

活动项目（时间、地点、地图、电话等）是否明确表示？

是否依据年度促销计划来决定 DM 的主题、商品、活动、营业目标、发放对象或区域、发放份数及预算？

DM 是否完全收集店内有特色或价格诉求型的重点商品？

DM 所诉求的商品是否都在卖场上陈列并且货量充足？

DM 上的照片是否清晰而能表达商品特色？

制作的 DM 是否赏心悦目，让人有想收藏的欲望？

总之，督导作为市场一线的巡视判断的管理者，既要有较高的管理能力，又要有高超的市场观察诊断能力。在企业发展过程中，需要大量的优秀督导管理人员，建立规范、高效的督导运作模式。

4. 督导进店"十看"

（1）一看动线。

一般的店长看动线，通常直接看主通道在哪里、主通道多宽，促销堆位如何设置和陈列，不同品类在动线延伸过程中如何过渡等。而督导人员看动线，应该通过看顾客的走向，看不同类型的顾客走向，看顾客在不同驻留点的停顿时间，从而研究品类布局的合理性与过渡性、促销区域设置和堆放有效性、视角障碍及视觉疲劳的解决方案。

看顾客走向，采用的是跟随法。

在门店里，将自己的顾客群进行分析，然后每日随机选择一个具有代表性的顾客，进行跟随。带着打印在坐标纸上的门店布局图，从顾客入店伊始，便随着顾客行动，画出顾客的轨迹线，并标注顾客的每个驻留点及驻留的时间长度，同时记录下顾客在每个副通道中视线对货架商品的扫视过程，研究顾客的视觉疲劳度（顾客在视觉疲劳后，通常眼睛直视，走出通道）。

日积月累，掌握了各种类型的顾客（年龄段、性别、层次）的行动轨迹线后，将同类顾客的轨迹线进行合并，就能够绘制出不同类型顾客在店里的主要走向，有重合的、有不重合的。

然后就在不同顾客群的主动线上，设置针对不同类型顾客的商品陈列或促销堆位。同时在顾客较长时间的驻留点上，陈列重点推荐的商品或者悬挂有针对性的促销提示（POP）。而在研究了副通道中视觉疲劳点后，会在视觉疲劳点处改变商品陈列方式、调整过渡品种、加强促销提示（如店长推荐等），甚至调整货架长度等。

有时间也应该去看竞争对手门店和学习对象门店。同样，看动线也采用跟随法。首先在坐标纸上复制门店的布局图（通常大型的门店都有布局提示图，可以描绘或者偷摄；没有的话，大致绘制），然后有目的地挑选要跟随的顾客，记录下轨迹线、驻留点和时间、视觉疲劳度等。然后研究别的门店在顾客主要轨迹线上的促销行为、在动线变化处的品类过渡、在驻留点上的商品陈列及促销陈列和提示、缓解顾客视觉疲劳度的方法等。在学习别人长处的同时，研究打击竞争对手或者与竞争对手错位促销的方案。

（2）二看陈列。

作为督导看陈列不能简单地看排面的量感、丰富度、是否整齐，还要研究排面的合理性、商品的关联性与过渡性等。排面的合理性包括排面的数量、排面的位置、排面的原则性。

督导对排面数的设定不是统一的、随意的。要根据供应商或到货周期、单品在不同季节的平均销量等，计算出安全库存，并调整单品的排面数，追求最优库存量而非最大库存量。

排面的位置，也是有讲究的。在既定的陈列原则下，如纵向陈列、价格带顺序、同一品牌集中陈列等。通过在不同季节的一段时期内不断地调整单品的陈列位置，计算不同单品的销售弹性、销售占比弹性、贡献度弹性等，从而为每个单品找到合理的陈列位置。记住，并不一定是销售最好的商品就得陈列在黄金位置上。

同理，督导也可以用这种方法来判断和研究管理水平较高的外资企业的单品销售状况和销售弹性等。

商品的关联性和过渡性也是非常重要的。

通常一条通道顾客不会来回走两遍，因此，一条通道两边的商品陈列，同一品类须有关联性，如果是不同品类须有过渡性。

这样做，一是可以满足或者激发顾客在主诉求之外的关联性需求。比如，人们通常会将洗发水、沐浴露、牙膏牙刷等个人护理产品陈列在同一通道内，用调味品与厨房用具的关联性陈列来过渡食品与非食品，用啤酒来作为饮料与酒类的过渡等。

（3）三看价格。

如果有兴趣，可以做个简单的调查，你会发现，店长通常都能记住别人比自己便宜的商品，却记不住自己比别人便宜的商品。

还会经常碰到这种状况，店长们很喜欢到竞争对手的门店抄价格，而且一旦发现别人的某些商品价格比自己门店的低，就会为自己找到销售下降的理由和借口，要求相关部门降低商品售价，甚至是盲目跟价。

而店长们却很少去思考，人家价格为什么会比你低？或者自己是否有比别人价格低的商品？如何把价格低的商品更好地展示并向顾客宣传？自己的商品价格应该降到什么程度才是合理的？是盲目跟价呢，还是有依据有目的地主动调价呢?

看价格，首先不是看时点价格，而是看时期价格。要不断地定期选择某些敏感商品或特定商品，至少进行 3 个月的多次价格调整和跟踪（其实每次的档期降价商品，都是一次很好的价格试验），在实施自己价格策略的同时研究竞争对手的价格策略。经过积累，就有了足够数据量的敏感数据库。而后，我们看价格就会目标和方向更明确了:

• 我们看自己时，能够比较明确地知道哪些商品可以调高售价，哪些商品应该调低售价，调整的幅度应该是多少等。

• 我们在促销选品的时候，可以根据促销的目标，选择不同敏感度的商品组合。我们在预估促销量的时候，将相对准确，避免了备货不足或者档期过后大量退货。

• 在看对手、直面竞争的时候，我们就可以选择敌动我不动，或者选择主动出击，避免盲目跟价。

其实，做了很多价格弹性分析后，我们会发现，竞争对手并非每个商品的降价都会对我们产生销售影响，这个比例通常不会高过 40%。有些时候、有些地方甚至不超过 10%。

所以，我们的店长们大可不必每次在竞争对手开始档期的时候，扬着对手的 DM，大声地向采购部门"叫嚣"着:"别人能卖那个价，为啥我们不能?"

如果我们的店长们能够指着某个商品，告诉我们的采购部门:"如果这个产品能够按照这个价格卖，那么我们保证能够实现多少的销售额或者销售量。"而最终也实现了我们的预测，那么我们将获得越来越多的采购信任和采购支持，那又何来的所谓"营采矛盾"呢?

（4）**四看商品结构。**

一般的店长们看自己门店的商品，多是看缺货或者看陈列是否符合要求。

看别人的门店，多是看别人的价格是否比自己的便宜，或者是看别人有什么新品而自己没有，并以此作为所谓市场调查的结果，要求相关部门引进新品或者调低售价。

他们很少剖析：别人比我多的商品是否是我真正需要的？或者我的商品比别人的多，是否是没必要的？或者我缺少什么商品，别人有没有？

看商品结构，看的是品类的宽度和深度。

品类的宽度，指的是品类的价格带宽度，即某个品类的单品最高价和最低价之间的差价。

$$价格带区间 = （单品最高价 - 单品最低价）\div 10$$

品类宽度太宽，指的是价格带区间大于品类商品的最低价。这时候，我们须得淘汰最高价或者最低价商品，直至价格带宽度低于最低价。

品类宽度太窄，指的是价格带区间虽然低于本类商品最低价，但是由于价格带宽度值太低，导致价格带空白区间太多。这时候，我们就得考虑引进最高价商品或者最低价商品，以加宽价格带。

决定价格带宽度后，就可以研究品类深度了。品类的深度，指的是在不同的价格带区间内商品的个数，包括品牌、规格、包装、功能等。

我们通常应用黄金分割"二八原则"和"双峰图"结构理论来研究品类深度，即在每个价格带区间，我们经营多少个商品是合理的。

这时，我们再来看标杆门店和竞争对手门店的商品结构，就有明确的目的性了。我们可以在别人的门店里找到所需要的价格带的商品，并有针对性地收集有效的商品信息，找到合理的供应渠道，引进商品。同理，我们也可以研究在各价格带区间的商品的重复性，根据各单品的销售表现，有目的地淘汰相应单品。

可能的话，还可以研究竞争对手门店的品类宽度和深度，找到与对手在不同价格带区间的优劣性，避实就虚，以我们的优势产品打击竞争对手。

（5）五看顾客。

很多店长看顾客，通常看的是顾客群的分布或者是消费者的构成，比如性别比例、年龄比例、社区分布、消费层次等。

有些公司聘请了所谓的顾问单位做了一堆的市场调查，罗列了很多比例数据后，之后却束之高阁，真正用于经营支持的案例乏善可陈。

督导除了跟随顾客看动线之外，更多的是看顾客的购物篮。

其实，购物篮分析的就是商品之间跨品类的关联度，用于关联性促销或者陈列配置。比如，最著名的"啤酒与尿布"。

对购物篮的分析很简单，在每次做促销陈列的时候，先根据促销动机选择促销单品，然后针对每个促销单品在某个销售周期内（通常是一个档期）曾经发生的客单进行罗列，找出同单销售中出现频率最高的单品，进行关联性陈列。

我到标杆门店或竞争对手门店看顾客，最常做的是收集顾客丢弃的购物小票，整理并导入数据库，研究它们的客单价、商品价格、购物篮等，学习别人的长处，分析自己的差距，找出对手的不足等。

例：　　　　　　　沃尔玛的购物篮分析摘录

沃尔玛经研究发现，在中国的卖场中存在如下的商品交叉关联关系，因此在组合商品陈列时，会考虑将这些商品进行相关陈列及促销：洗衣粉－洗衣袋；毛巾－牙刷；儿童用品－温度计；烤鸭－啤酒；尿布－啤酒；尿布－奶嘴；遥控玩具－电池；牙膏－旅行盒；面粉－擀面杖；床上用品－樟脑球；酱油－抹布；方便面－火腿肠；红茶－领带；保健品－健身球；白酒－袋装花生；脸盆－毛巾；被子－晾衣绳；CD唱片－雪碧等。

（6）六看促销。

我们先来看些等式：

销售额 ＝ 客单量×客单价

客单量 ＝ 消费者人数 ＝ 客流量×交易比例（商品吸引力指数）

客流量 ＝ 顾客 ＝ 来客数 ＝ 进店人数 ＝ 潜在顾客数×商店吸引力指数

潜在顾客 ＝ 目标市场容量×商号吸引力指数

销售额 ＝目标市场容量×商号吸引力×商店吸引力×商品吸引力×客单价

商号吸引力指的是目标市场消费群（户数/人口数）有多少比例可以成为我们的潜在顾客。商号吸引力的提高，通常通过品牌宣传、地面推广、公益活动、媒体行销等。

商店吸引力是指潜在顾客有多少比例能够走入我们的店铺，成为我们的顾客。我们通常通过店外提示、广场秀、购物班车、DM 宣传等来提高商店吸引力。

商品吸引力指的是进店的来客数中有多少比例成为我们的消费者，实现了购买。

商品吸引力的提高，更多地通过店内活动实现，如店堂促销、信息提示、关联性陈列、叫卖等。

提高客单价常用的方法有捆绑销售、买赠、加价购、换购、买 100 送 100 等。

促销，首先我们得回答一个问题：我们的促销动机、目的是什么？通常动机都是销售下降了，目的都是为了提升销售。

那么，我们就要先看看销售额等式中的因子，是商号吸引力、商店吸引力、商品吸引力、客单价不够导致销售下降了，或者是哪个因子下降的比例最大？

因此，我们看自己门店的促销，就是看门店的促销手段和资源配置是否与促销目的相匹配。

那么，如何看别人的门店促销呢？

通常，我们都会收集竞争对手每一期的促销办法，分析其促销的目的性，研究他们采取的促销手段，并现场考察其促销行为的有效性。

对竞争对手有效的促销方式，直接采取拿来主义；无效的促销方式，在今后自己的促销设计中避免采用。

（7）七看员工。

"以人为本"是时下最流行的员工管理思想。

"以人为本"就是指从制度的制订和执行上，更多地从人性和员工心理上考虑制度的可执行性和执行的主观能动性，使员工自觉自愿地执行制度规范，而不是简单地利用制度来管理和规范员工的行为。

话虽如此，但是又有多少身体力行的实践者呢？我看到的是多数管理者把"以人为本"当成了忽悠员工的"口号"！

因此，"看"员工，要看表情、看神情、看激情。

从员工的神情和表情上看他们的工作状态，通过对员工的心理分析，从人性出发不断完善制度规范，激发员工的工作热情。

也就是说，我更多地是从员工的视角上，设身处地地看员工行为规范规章制度在执行过程中的反应。也就是说，我"看"员工，不是为了处罚员工，而是更多地去思考员工之所以未能恪守规章制度的原因。

在看员工时，我经常看到这种现象，公司规定"员工上班不得携带手机"，但员工们几乎人手一个手机，管理者也管不过来，因为法不责众。于是这项制度形同虚设，那虚设的制度要它干什么？

经过调查，制订这项制度的动机有二：一是为了防盗；二是员工随身携带手机，如果电话太多会影响工作。

但是，我们设身处地地想想，在如今的信息社会中，谁能脱离手机而生活、工作？反正我不能，你能吗？己所不欲勿施于人。于是，我决定取消这项规定，同时在制服上衣的袖子上设计一个专门的手机袋，方便员工置放手机。

还有个门店管理现象，相信很多人跟我一样，深有同感。

君不见，有多少管理者和督导员"看"门店的时候，口袋里揣着一堆"罚单"，员工这里做得不好，扣50元，那里做得不好，罚100元，等等，一时之间"红黄牌"满天飞，搞得人心惶惶。

而没挨罚的呢，事不关己高高挂起，都是"打酱油的"，一点也没起到"杀一儆百"的作用。

在现实状况下，处罚单个员工行为对其他员工基本没有"震慑力"，甚至会有"心有戚戚焉"的感觉。那么员工管理的最终目的也就达不到了。

所以，我们何不换位思考，变罚为奖呢？

督导要设计一套只奖不罚的《积分卡管理办法》，员工们按照积分比例分享绩效奖金，并累积积分，用于升级、升职、加薪。员工犯错违规，不再是简单直接罚款，而是其他没犯错的同组或者同店的员工可以根据相关条例获得积分奖励。这样一来，犯错员工不再是赤裸裸的现金支出，不至于心情不快，而且虽然从当前来看他在最终的绩效分享中的比例降低了，但他还有一段时间可以争取主动从其他方面获得积分奖励（例如主动导购等），也就是说他当前犯错没有关系，他还有立功的机会以弥补损失，这样做我们也获得了一次激励员工的机会。

实施了《积分卡管理办法》后，员工的工作主动性和积极性大大提高了（员工们会积极地寻找加分的机会，弥补损失），门店的管理水平也明显提高了。员工们会相互指出或者提醒犯规的行为，以获得集体加分的机会。

（8）八看气氛。

看门店的气氛，主要看听觉、视觉、感觉。

听觉，主要指门店的背景音乐、导购声、叫卖声、促销信息广播等。

视觉，主要指灯光、色彩、POP 装饰等。

感觉，指温度、空气、空间感、亲切感等。

门店的气氛设计与布置，应随着季节、促销主题的变化而变化，烘托门店的销售气氛，突出促销重点，在不经意间缓解顾客的购物疲劳度，使顾客徜徉于商品的海洋中，所闻所视都能浑然一体。

以上种种，看起来都挺简单的，但是知易行难啊！

比如，大家都知道门店的背景音乐，应该以轻松、舒适、自然的轻音乐为主，不经意间缓解顾客的购物疲劳，不必刻意去吸引顾客聆听，分散转移顾客对商品的注意力。

可是，我常发现很多门店的背景音乐好像都成了流行歌曲的天下了，更有甚者，还经常能够听到迪斯科音乐。为什么呢？因为我们的员工爱听？我想消费者来门店不是为了听流行歌曲的吧。

我还见过很多门店认为某些时段顾客不多，为了节约费用，于是在某些时段关灯（部分）、关空调。

其实，门店的灯光和空调不仅仅是为顾客服务，同时也为我们的员工服务。试想，我们的员工如果处于相对昏暗的灯光、不适的温度条件下工作，他们的心态和工作状态必然不会处于较佳的状况，那么他们对商品的维护、顾客的服务等必然做得不到位，最终影响销售业绩。

凡此种种的案例很多，这都是店长们及其管理者的意识问题。

道理很简单，只要我们在做事之前能够换位思考，多研究消费者、员工心理，多想想如果自己是消费者，是普通员工，你更喜欢怎样的卖场气氛。

（9）九看设备。

看设备，就是看设备的使用和维护状况。

设备管理的目标是降低设备使用费用，如电费；降低设备的维修费用，即降低维修率；降低设备的重置费用，延长设备的使用周期等。

门店的设备主要有照明、空调、冷链等。

从照明上说，主要是节能。

前面说过，很多门店为了节电，经常在某些时段关灯，其实那是最笨的办法。照明节能通常可以通过安装节能设备，来降低 20% ~ 25% 的耗电量（主要是降低整流器的热能损耗）。

灯管老化后，一方面管内粒电子减少，为了达到启动发光的目的，灯丝只得加大电流。这样消耗的电能就随着加大，所以灯管老化后耗电量是很大的。

另一方面，灯光在忽亮忽暗的时候，不断地重复启动，那也是最耗电的，因为开启日光灯的瞬间耗电量相当于这盏日光灯一小时的耗电量。

对空调来说，最重要的是恒温控制。

我检查过很多门店的空调，一开机就直接定位在最低的（16℃）温控状态。

我们都知道，现在的空调都具备恒温控制设计，当室内温度降到所设定的恒温状态时，机组会自动停机，等到室内温度超过恒温状态时，再自动开机制冷。

如果我们将温控设置在室温无法达到的较低状态时，空调机组将无法自动停机休息，于是一方面耗电量增加了，另一方面制冷机组的使用寿命也减少了，甚至故障率也增加了。

冷链设备。我们都知道冷链设备包括冷藏柜和冷冻柜，它们制冷都是通过循环的冷风系统来实现的。如果商品陈列堆得过高，挡住了出风口，导致冷气外泄，堆得过紧过密，没有足够的空隙，影响冷风正常循环，也使冷气外泄。

冷气外泄会导致两个结果，一是冷量损失，增加了耗电量；二是冷量不够，设备无法降低至预置的低温状态，制冷机组无法得到充分休息，甚至影响了机组停机化冰，致使耗电量增加，机组故障率提高，使用寿命减少。

另外，冷链设备日常定期的清洗也是非常重要的。如果没有定期清洗，排水管会堵塞，冷凝器会结冰，严重者会损坏机组的风扇。同样也会增加耗电，缩短设备的使用寿命。

我想只要持之以恒做好了以上工作，门店的节能减耗基本就能够实现了，大可不必通过关灯、关空调来节约电费。

（10）十看卫生。

门店卫生是门店的脸面，是门店正常运营的基本保障。相信大家都能够也都应该做好，这里就不多说了。

五、督导的现场指导技巧

1. 现场辅导店长店员

作为督导要经常指导店员，承担终端教练的角色，从实际工作中总结，终端指导大致分为以下三种类型（如表 1 – 13 所示）：

表 1 – 13　督导终端指导的三种类型

	观察式	支援式	示范式
特点	你是观察者身份，不插手店员与顾客的谈话	仍以观察为主，必要时才"出手"，然后技巧地把话题再还给店员	你完全"包办"推销活动，店员在旁观察记录
何时使用	当店员的对话顺畅，或遇到的问题不大时使用	当店员与客户遇到"死结"时，你适当帮助"解围"	一般辅导新员工时使用
注意事项	必须记录店员的言行及顾客的反应，结束后要讨论	既要保证本次销售的达成，但又不要过分"插手"，结束后要讨论	尽量针对一种较为典型的情况。店员必须做笔记。结束后要讨论

指导者要根据不同的状况，采取不同方式，以便最大限度地帮助到学员。

指导店员案例

店员阿梅对顾客说：

"小姐，衣服已经帮你挂好了，请到试衣间去试一下，记得锁好门。"

"小姐，这边有全身的镜子，请到这边来，我帮你整理一下衣服。"

"小姐，裤子比较偏长一点，我们可以帮您修改。"

案例分析：

做得好的方面：

（1）帮助顾客挂好衣服。

（2）邀请顾客照镜，协助整理。

（3）主动提供修改服务。

需改善的方面：

（1）没有报姓名。

（2）当顾客试衣出来，没有赞美顾客及提供专业意见。

案例的优缺点十分明显，也十分简单，但指导者要如何操作才能让店员知道她自身存在的不足呢？我们推荐大家通过以下三个步骤来实现（如图1-4所示）：

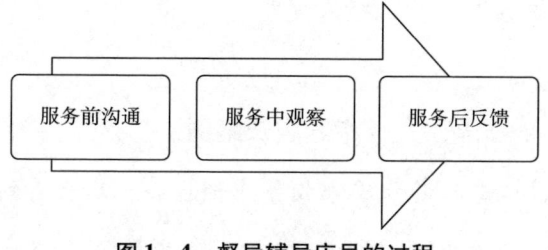

图1-4　督导辅导店员的过程

服务前的沟通：主要是与被指导者明确要掌握什么技能，划定当天要指导的范围，让被指导者明晰。

服务中观察：在现场指导过程中观察判断员工的行为是否符合要求，并用肢体语言进行沟通，不必用笔记录。过程中要给被指导人员支持，让他们放心。当他们遇到无法回答的问题时，督导应该亲自示范帮助回答顾客的问题。当然，更多的时间是安静地站在一边，不过多参与其中。

服务后反馈：先指出店员的优点后指出不足，重在讨论"刚才的行为"，运用反馈技巧对店员进行评价，并正面强化做得好的行为，善于发现店员的"闪光点"及时赞扬。

例如引导类问题：

（1）你说了什么，做了什么？

（2）你觉得符合预期表现期望吗？

（3）客户说了什么，做了什么？这是你希望的吗？

（4）如果再做一次你会有怎样的不同？

（5）我们还可以做什么去了解顾客需求（卖得更多）？

（6）你以前曾经尝试过，结果怎样？

（7）有没有别人试过，结果怎样？

（8）这样做会发生什么结果呢？

指导店长案例

华婷督导遵从老板的意思来指导店铺晨会。店长看到有总部人来指导，一推六二五，直接说："今天我们欢迎华婷督导给我们做一个精彩的晨会。"华婷一点准备都没做，被推上台去，结果可想而知。

案例分析：

第一，没有做准备：在做任何指导之前都要做好充分的准备，明确自己的指导步骤，不然很难把握节奏。

第二，被店长利用：本来自己是去指导的，结果被店长当枪使用了，岂不荒唐。

第三，指导力不够：现场做指导的人要有很强的应变能力，也就是自己的指导功力，以应对各种突发的状况。

服务前沟通：就案例中的情况来说，华婷督导应该在服务前就与店长进行沟通，约定指导的时间、形式、地点等，并让被指导者充分准备。

服务中观察：在到达现场后，观察其操作流程是否缺失，操作过程是否完善，优点和弱点在哪里？当晨会最后可以简单做补位式的讲解说明。然后讲自己观察到的不足之处与被指导者交流，并达成共识。

（1）观察记录：观察晨会的各个环节和方面，店员的反应，店长的行为，并做好记录。

（2）分析原因：分析店长做得好的原因和做的不好的原因，作为后期跟店长沟通反馈的基础。

服务后反馈：反馈时需要用引导性的问题，帮助店长自己去找出问题的原因，比如：你觉得店铺有哪些问题呢？你认为刚才你哪些方面表现的比较优秀呢？先让店长自己进行评价，然后我们再给予反馈，最终共同找到可实施、可操作的改进方法。

使用引导类问题：

（1）好的晨会应该包含哪些内容？

（2）你觉得店铺有哪些问题？

（3）你觉得店员出现问题的原因是什么？

（4）你打算用什么样的办法进行改善？

（5）你预计用多长时间可以出效果？

（6）从哪些方面可以提升店铺业绩？

……

指导店员店长的时机：

（1）店员无法提升时。

（2）新制度新要求下发时。

（3）店长自己没做好时。

（4）店员没做好，而店长又没正确指导时。

【学习任务】

在培训时，以组为单位进行演练。一人扮演督导，一人扮演店员，一人扮演顾客。其他人扮演观察者，对督导的教练行为给予观察和反馈。

请观察者按照观察记录，并给予点评。

（1）准备2分钟

（2）演练8分钟

（3）再集体演练

2. 现场指正员工错误行为

纠正员工错误是一种艺术，好话还要好说，通过有效的方式传递出去才能让人接受，否则适得其反，并会造成员工的逆反心理。

顾客走进店面环视了一圈，导购员王婷热情地迎了上去："欢迎光临！本店正开展优惠促销活动，凡在此期间购买本店商品，一律8折优惠！"

顾客轻轻地点了点头，王婷为了进一步拉近与顾客之间的距离，试探着问道："您之前听说过我们的品牌吗？"顾客应付道："有啊！"王婷再接着问道："那您应该是我们的老顾客了吧？"

顾客有点不耐烦地摇头道："不是！"王婷不厌其烦地追问："今天您来是打算买仿古砖还是抛光砖？我们品牌抛光砖最好，你可以看一下。"顾客沉默了一会，回绝道："我先看看，你先忙吧！"

案例分析：

导购员错误归纳起来有以下几点：

（1）接二连三的提问：王婷的提问声音不大，但是有点咄咄逼人与威胁意味，这样顾客不仅不会敞开心扉与导购员交流，反而会反感与排斥。

（2）提问漫无目的：问题杂乱无章，彼此间没有关联性，只是为接近顾客而提问，没能围绕顾客的需求去适时地发问。

（3）封闭式提问不当：刚接触顾客就用封闭式的问题，会让顾客有一种被审讯的感觉，顾客只能在"是"与"否"、"有"与"没有"之间做出选择，容易让顾客产生抵触情绪，这样很难抓住顾客的需求。

就案例来说，我们通过观察知道原因，通过分析找到问题所在，但是用什么方式来提醒呢？如何做好现场指导呢？每个人的方法不同，我推荐几种有效的方法：

(1) 暗示法：用肢体暗示。

用肢体语言或是眼神暗示导购员不要连续追问，我们可以通过打手势的方法，让导购员意识到自己太步步紧逼了，或是用眼神暗示，或是用传递其他物品的方式暗示，总之，只要是有效传递的肢体语言都可以。

(2) 提醒法：用问题提醒。

漫无目的的询问会找不准重点。用幽默的方式提醒导购员自己的错误行为，比如："你是要改行做人口普查吗？不然调查得那么详细。顾客既是我们的上帝也是我们的朋友，当朋友聊天就好。"

(3) 三明治法：赞美＋批评＋期许。

"你刚刚的做法很积极，但是过于激进，对于顾客来说不容易接受。所以建议你要转换一种方式，问一个问题后，暂停一会儿或表扬一下顾客再进行下一个提问。这样你会做成更好的业绩的，我很看好你的，加油，努力，不要让我失望噢。"

实战任务：

根据自己的水平选择一家店面，认真了解店铺中所有的不足之处，然后按照本节的方法去指导。

第一，注意观察。

第二，注意方法。

第三，注意记录。

第四，注意反思。

相信经过不断的实践与积累，你一定会成为一个优秀的督导。

3. 监督实习员工进度

作为督导，如何让新员工标准化地快速成长是重要工作之一，因为这样才能让新人跟上步伐，符合我们品牌和公司的标准。

大体上可以分为三个步骤进行（如表 1－14 所示）：

（1）培训周期计划：这个计划各个公司都有，区别在于：好的公司更系统，不好的公司随便应付两天就没有下文了。根据规模不同和对员工的要求不同，分为 15 天、30 天、90 天不等的计划进行。

（2）导师负责制：由于督导不能天天呆在店里，所以大部分的公司倾向于开展导师计划，在新人培训期间，安排一位导师全程作为指导，这需要有合适的制度进行匹配。

（3）绩效评估：对培训结果和带教结果进行收集，通过对其知识和技能的评估来考评其是否可以转正。

表 1－14　监督实习员工的三个步骤

培训周期计划	导师负责制	绩效考核评估
两周计划	师傅带教	知识考试
30 天计划	领导监督	技能考核
90 天计划	个人成长	转正评估
……	……	……

通常比较适合的培训周期是 30 天，这其中包含课堂培训和现场指导培训。以建材瓷砖行业为例，表 1－15 为某公司的实习期员工检核规范，仅供参考。

表 1-15　实习期员工检核表（执行版）

店铺名称：　　　　　　检查人员：（　　）　　　　　　　　检查日期：

类别	时间段	学习内容	是否合格
科目一	第一天	熟悉所上班门店的地理位置及门店环境	
	第二天	学会开口"说话"，客户进店迎宾语，主动倒水	
	第三天	认识门店所有人员及知道各自职责	
	第四天	了解公司内部架构及知道管理层领导	
	第五天	了解公司企业文化	
	第六天~第七天	了解公司各部门的主要职能职责及操作规范	
科目二	第一天	了解产品型号及系列	
	第二天	了解产品型号及系列，知道门店出样的产品分类	
	第三天	熟记产品型号及系列，门店店长需抽查检核	
	第四天	了解各产品的卖点	
	第五天	了解基本的计算和巩固卖点	
	第六天	认识图纸，掌握基本的计算	
	第七天	在熟记产品的同时价格也要大概了解	
科目三	第一天	巩固迎宾礼仪的规范	
	第二天	能够主动地接待客户	
	第三天	了解开单的规范标准	
	第四天	能够成功地开出第一单	
	第五天	掌握门店样板间的规格，会简单地画房型图	
	第六天~第七天	学习开单系统的简单操作（查库存、查单子），后期学习开单	
科目四	入职28天后	新进人员综合技能的掌握，店长辅助及抽查	

综合评价：

续表

其他评价：					
店长签字确认		经理负责人签字		检查人签字	

好的公司会培养员工 90 天，比如安利公司 90 天成长计划软件系统，就是很完善的系统，从你进入公司的第一天该做什么，有什么样的要求，需要提交什么样的成果都有明确的说明，你只要照做就行了。

而多数公司没有这样的系统，我根据个人的实践经验，为大家提供一个 12 周的培训参考，相当于 90 天培训的框架内容（如表 1－16 所示）。

表 1－16　新人成长 12 周计划

（1）产品周	每款产品品名、价格、库存、特点、特色
（2）服务周	倒水、说话、卫生间指引、名片、交流
（3）礼仪周	仪表要求，标准站姿、行、走、坐
（4）话术周	销售技巧百问百答
（5）知识周	瓷砖、陶土、烧制、原理、参数
（6）文化周	公司历程、领导文化、团队文化
（7）艺术周	涉及公司产品的简约、清新、欧式、复古艺术
（8）算数周	各种情况下销售预算、产品预算，快速精准
（9）市场周	竞争对手，走访，摸底，知己知彼百战不殆
（10）潜能周	超长工作，排满日常，磨炼心智和体能
（11）应变周	培养员工的临场应变能力，应急处理能力
（12）综合周	以上所有内容的综合考评测试

备注：次序不分先后，根据企业情况，有侧重点地进行安排。

督导再多也不可能手把手地去教授新员工，而新员工要学习和掌握的内容却是要我们规划的，然后让店铺的老员工或店长作为师傅，负责培养新员工的全面成长，最后由督导系统进行抽查考核，评估其效果即可（见表1－17）。

表1－17　带教评估反馈表

导师		员工		岗位	
学习时限		_____月		自___年___月至___年___月	
序号	带教内容		计划时间		考核记录
01					
02					
03					
04					
05					
06					
07					
员工对导师的评价：					
部门对导师对员工情况（主要对导师）的意见：					

某公司员工带教制度

一、带教对象：新入职3个月以内的员工。

二、导师资格

1. 高度认同公司的企业文化与价值理念。

2. 入职 3 年以上，且绩效考核表现为优。

3. 有较好的沟通协调能力，学习意愿较强。

4. 原则上职级比带教对象至少高一级。

三、带教内容

1. 帮助带教对象学习和掌握自身岗位对应的制度流程及基础产品知识。

2. 有效实施带教对象的培训计划，并对培训计划的执行情况进行反馈。

3. 在带教、轮岗及突击增援期间，进行业务指导、传授工作方法和技巧，培养独立工作的能力。

4. 定期沟通，在工作上给予指导的同时，引导带教对象保持良好的工作心态。

5. 针对日常工作中遇到的问题与困难进行沟通，给予针对性解答。

6. 定期按要求对带教对象进行评估考核，结合考核结果，针对带教对象做好辅导反馈。

7. 参与带教对象的转正评估工作，对带教对象的考核具有建议权。

四、带教要求

1. 一个导师最多带三个员工。

2. 带教期间一般为 2~3 月，如延长，需要上级审批。

五、带教奖励

带教后如该员工评为合格，导师每次带教可获得 300 元/次带教0 津贴。

4. 提升店员销售技巧

老板到某店巡访，交流一会儿后，故意对店员说："你知道 Y 品牌在哪个位置吗?"老板是想看看店员对竞争对手 Y 品牌的评价，没想到店员说："你出了这个门，往前走就是，你不知道，我带您去!"老板差点晕倒!

案例分析：

（1）提升意识：导购员明显没有销售意识，不懂得抓住时机推销自己，推销公司品牌。当老板问及 Y 品牌时，他应该主动说明 Y 品牌与我们品牌的不同之处，并强调我们品牌的优势。优秀的导购甚至可以让顾客（老板）放弃去 Y 品牌看看的想法。而案例中导购连基本的意识都没有。

（2）提升技巧：当然案例中的重要方面是缺乏意识，但是同时也说明销售技巧不足，应对话术不够，比如直接说："你不知道，我带你去。"这是一种服务的思维，不是销售的思维，把自己当成客户的服务员了，而不是客户的导购。

（3）提升知识：处理意识和技巧之外，也是因为导购不知道 Y 品牌与我们品牌之间的差别，所以还需要补充知识。如市场知识、促销知识、产品知识等，相信任何一个方面知道的多一点，都不会产生案例中的后果。

提升员工销售技巧的方法步骤：

（1）通关训练。

通关训练主要是让员工掌握知识的方法，可以通过此种方法让员工快速地掌握各种实用知识。简单说就是将公司准备的产品知识、促销知识材料通篇背诵下来，当然一次根据情况准备 3~5 页为宜。提前下发，在规定的时间内完成，然后督导人员安排现场通关。

通关形式一种是集中通关，就是将所有人集中到公司会议室，然后由督导人员一个个轮流通关。优点是比较方便督导人员，不用乱跑。缺点是导购需要通勤时间，而且在等待期间不能做其他事情，同时不如店面通关有实际场景，现场感更加突出。

另一种是店面通关，就是督导人员以巡店的形式一一通关，好处是导购员在不通关时可以做自己的事情，不浪费时间，还可以对照现场的产品进行模拟通关，形式灵活自然，减少被考试的感觉。

通关内容为公司文化、产品知识、促销活动、操作流程、销售话术等。

注意事项：

• 人人必通：对通关的人员范围进行要求。为了平衡起见，人人都通关，这样会减少通关阻力，提高公信力。

• 奖罚措施：要有明确的奖罚措施，对于每次通关分数达到 95 分以上的进行奖励，对低于 80 分的进行处罚，奖罚金额由公司确定。

（2）场景模拟。

对导购员进行场景模拟式的训练，使其可以将学习的知识运用自如，流畅自然地表达，同时能够很好地应对突发事件，提升销售能力。

模拟形式：一种是培训现场模拟，一位导购扮演顾客，一位导购进行接待，督导再进行指导模拟演练，并点评各个环节。

另一种是店面现场模拟，在店面现场模拟演练，可以是导购与导购之间，也可以借助客户进行实战的检验，或是邀请客户参与我们的模拟演练。

模拟场景有接待流程、投诉流程、售后流程。

注意事项：

● 问答流利：在演练过程中，问答反应要流利顺畅，不要拖拖拉拉、吞吞吐吐，这样的结果是不能在实践中发挥作用的。

● 互相点评：可以让参与的人员进行互相点评，把双方的缺点和不足都呈现出来，以便于双方共同进步。

● 监督过程：作为督导一定要监督整个过程，并对演练的结果负责，才能让演练有效果不流于形式，使大家的销售能力快速提升。

（3）师傅指导。

通过安排师傅进行现场教练的方法，也是有效提升销售技巧的形式。这种方法也是较为普遍的方法，从现实的操作来看是最实用、最方便的，缺点是师傅的水平良莠不齐，无法保证整体素质的标准化，但是从销售技巧的提升来看，效果显著。

指导原则：

● 我做你看：作为师傅就是要有这样的水准，做得比徒弟好，因此可以在店里操作让徒弟看，让他从中观察每个环节的要点，每句话的妙处，每个动作的关键。看到一定程度，他就可以操作了。

● 一起接待：师傅可以跟徒弟一起接待，当然这个时候徒弟还只是一个副手，起到查缺补漏的作用。虽然如此，比单纯的观察进步很多了，因为毕竟成了剧中人，哪怕是端茶倒水也好，可以感受到顾客的心理、情绪、思想的变化。

● 你做我看：这是要求作为徒弟的导购自己去做事情了。徒弟成为主角，师傅成为端茶递水的补位人员，让徒弟按照自己的方法去做、去说、去实践，把她自己看到的、学到的东西全都运用出来，偶尔有不妥之处，师傅给予一点帮助，这样，徒弟的技能能够快速地提升。

注意事项：

● 师傅人选：人选要有经验，可以是店长或是资深导购，工作经验至少在三年以上。

● 结果反馈：作为督导人员是没有办法天天看着师傅如何带教的，所以要有工具表格紧盯过程，注意整理收集信息并进行评估。

六、店面开业辅导的流程与技巧

1. 如何辅导加盟店员工。

督导李敏遵照老板的命令，去支援辅导加盟店，辅导加盟店员工。到达区域后，她计划对加盟店的伙伴进行7天的封闭式培训，以提升大家的基础知识和销售技能。结果每次到场就六七个人，其他人店里走不开，而且轮换下来，一个人听三天，课程完全被打乱。于是经销商向老板反映封闭式的培训辅导没有效果，希望改进。李敏则认为员工行为散漫、知识底子薄弱，不集中训练哪有效果。到底问题出在哪里呢？

案例分析：

（1）方法不对：李敏用传统的方法来培训小规模加盟商的员工，起不到好的效果。传统的封闭式培训固然有它的好处，但是在加盟商这里弊端很大。

（2）不会应变：既然发现没有人来，没有办法听完所有的课程，就应该想办法改变策略，放弃封闭式培训，选择更好的培训方式。

辅导加盟商店员的方法：

（1）知识竞赛：可以采取知识竞赛 PK 的形式，设置一些基础的课题进行大比拼，让各个店铺员工熟记后，在公司进行抽查 PK，设计竞赛环节进行奖励。获胜者可以赢得一定的礼品，失败者要为胜利者提供服务。

（2）现场指导：由于人少，把基础的知识学习完成后，以店铺现场指导的形式来辅导作业效果最好，有问题及时发现及时解决，这要求督导人员的功力要深厚。

（3）半天学习：也可以采取上半天课堂学习，下半天店铺实习的方式，因为店铺大多数是两班倒的，这样的方式比较灵活，不会影响日常工作。学习的基础知识通过工作验证效果与反馈，反馈回来后还可以再探讨提高。

（4）观摩先进：如果有条件可以带领学员去参观优秀的店铺，看优秀的员工是怎样工作的。如果没有自己品牌的资源，可以选择行业内其他优秀的品牌，进行市场的走访学习，体验别人的服务，回来后大家点评讲解，行业内有很多品牌是值得学习的。

2. 如何与加盟店老板沟通

3·15 促销活动要求顾客必须到活动现场才能享受送礼品活动，而经销商黄老板的顾客大部分没有到现场，所以不能拿礼品。黄老板以公司没有通知为由要礼品，并说自己已经承诺顾客不能反悔，要求公司正常发放。督导王彤说："邮件通知了，微信群也说了，他说他没看？真是无赖啊！"面对这样的经销商，我们督导人员应该怎样应对呢？

案例分析：

（1）老板素质低。这是一种无赖行为，即使当时不知道，过后也不可能不知道。但是由于经销商素质较低，将商业规则抛置脑后，也是没有办法的事情，只能想办法跟低素质的人接触。

（2）老板打马虎眼。经销商与厂家之间的关系就是一种博弈关系。能占点便宜就占点便宜，能打个擦边球就打个擦边球，占点便宜，就是自己的利润。这是经销商群体的一种特征。

（3）老板故意试探。大家在博弈的过程中，都会互相试探一下，给对方找点麻烦，然后让对方重视。有时候会哭会闹的人占便宜，所以老板故意而为之。

无论处于哪种原因，我们都要去解决。笔者推荐以下方法来化解矛盾：

（1）当面沟通：如果经销商没有看邮件和微信的习惯，我们要慢慢培养。在重大的促销政策和环节上，有条件的就应该见面通知，上门拜访，表示我们的重视，同时沟通感情。这样就可以避免老板故意的情况发生，因为他也不好意思。凡是故意操作的行为，多半是经销商得不到重视，才故意为之，以便引起厂商注意。我们沟通得很好，最多他也就是打马虎眼，占便宜而已。

（2）通关练习：重大活动可以让经销商手下人通关，就是把要点都背诵出来，这样下面的人都知道了，上面想赖账也不容易。

（3）签字确认：对老板不能通过通关的方式，但是可以让他签字确认，确认下面的人都知道这些，而且你自己也明白了。这样虽然只是一个形式，但是经销商已经做出了承诺，从心理学角度来讲，他再次推翻自己承诺的概率就很低了。

（4）录音流程：当面交流时，最好录音留存证据。这样有点不道德，我们也不提倡，根据经销商的情况来定。万一经销商耍无赖，我们再拿出证据，否则容易伤了和气。

沟通话术：

"你好，张老板，我们都是很好的朋友，但是公司有公司的运行规则，我要提前打好招呼，不然后期出了问题，我对您、对公司都没办法交代。所以这份文件我给你讲一下，你也确认一下。"说话的同时把文件递给经销商让其签字。

拒绝处理：

经销商可能说："没事，不要签字了，我都知道了。"你可以说："走个形式，我回去好交差，代表我传达到位了，不然公司会在考核上扣我的分数，我想你也不希望公司扣我的奖金吧？"

知识扩展：

沟通方式：与不同的经销商采取不同的沟通方式，如邮件、微信群、文件、当面沟通。

沟通态度：平等沟通、不卑不亢，不是我们求人办事，而是在互利互惠的基础上合作。

沟通技巧：先礼后兵、流程严谨、规则优先，让经销商进入我们的沟通频道。

3. 如何端正加盟店老板的品牌观念

老板巡视区域发现经销商没有品牌意识,对公司品牌无端损害的行为无处不在,店面里面放置其他品牌的物品,标高价,大折扣地吸引顾客,公司打广告建立的品牌形象终端一点看不见,老板找到督导王华说:"经销商没有品牌意识,公司很难发展壮大啊!你有什么好办法吗?"王华心想:"经销商眼里只是赚钱,他才不管我们品牌死活呢,能怎么办呢?"

案例分析:

(1)观念:水滴石穿。这是一个长期的过程,需要日常文化的渗透,点滴的积累,形成一体,思想一致才能上下统御,并纳入我们的体系当中。

(2)策略:加强标准化巡查,督导就是做这件事情的,加强管理巡查,通过制度的管理达到规范的目的,通过强势的管理来改变加盟商老板的行为,从而使他们的思维转变。

(3)手段:设定品牌维护奖励。

● 参与宣传:品牌宣传费用中的一部分由经销商承担,当他自己出钱了,从利益上他就参与进来了,跟我们成为一体。这样对品牌也会潜意识中爱护,毕竟自己参与了。这部分费用可以每年要求经销商划拨一部分资金,也可以每年收取。

● 保证金:对于损害品牌形象的行为,予以扣分处罚。收取保证金虽然不太容易,但是却是最有效的手段。人是有追求快乐和逃离痛苦属性的，而且钱本来是他的，随时有被扣的风险这种痛苦是不言而喻的，也就会更好地配合。

• **价值塑造**：督导通过塑造品牌价值，让加盟商的了解从品牌价值提升到产品价值，从而促进店铺成交量，这样加盟商才有更多的认同感。

（4）关怀：通过情感维护认同。情感维护是很重要的手段，作为督导应该多关注经销商的动态，让他们感受到重视，感受到总公司的关怀，我们爱护好他们，他们才能爱护好我们的品牌。大家属于互利互惠的关系。

4. 如何让加盟店员工认同品牌文化

巡查加盟商的店面时，发现导购员多数不按公司要求着装，不盘发画淡妆，督导李通说："要按照公司品牌要求做。"导购不以为然，不屑一顾地说道："老板又没有要求，而且我们也没有工服，要不你给我们买统一工装啊，还是先管管我们老板吧！"

案例解析：

（1）加强品牌文化宣传：对这种现象的产生，加盟商老板要负一定的责任。但主要的还是我们的品牌文化宣传不到位，没有能够抓住导购员的心，他们的认同感不足，才会出现顶撞督导的现象。

（2）职业化意识与建设：导购员自身的职业化素质不到位，这是很多终端都存在的问题，需要通过训练普遍提升员工素质。要让导购员知道，没人经营他的人是死人，靠别人经营他的人是活人，而能够自我经营的人才是职业人。

话术举例："小李啊，你看老板不经营你，你也要自己经营自己啊。让自己变成一个职业化的人，包括形象、行为、心理都要自己塑造，才能不断成长，未来才有更大的发展！"

（3）设置品牌服务荣誉：导购对品牌没有认同感，说明他们没有参与其中。我们也没有给他们提供一个展现的舞台，让导购从头脑到行为都融汇到品牌中来。

认同品牌文化的方法：

• 品牌技能竞赛：在全员工体系中开展知识竞赛活动，无论是自己直营的员工还是加盟的员工都参加。通过优秀人员的选拔，带动整体员工素质的提升。

• 品牌讲师优选：从竞赛获胜的员工当中，选择优秀的导购逐步培养提拔为品牌的兼职培训师，让他们发挥更大的传播作用。这样也可以沉淀下来大批的人才，为品牌发展提供足够的人才储备。

• 品牌公益活动：开展品牌形象大使活动，在公益活动的同时，让导购员融入其中展现自我，增加更大的文化认同和情感认同。

图1-5为提高品牌文化认同的不同方法。

给金牌服务员颁发证书　　　让优秀的导购充当培训师　　　召开服务大使表彰会

图1-5　提高品牌文化认同的方法

5. 如何诊断加盟店问题并给出建议

公司南京区域加盟店状况不佳，老板派李晨去看看。李晨到后给店员开了会，说明了总公司的意图和想法，会议现场大家有说有笑其乐融融。李晨回来后跟老板说状况还不错，请老板放心。然而品牌经理王鑫顺路也去了一下南京，发现大多数员工因为收入不高要辞职。李晨被这种反馈惊得目瞪口呆，"啊！怎么可能？我跟大家吃饭聊得很好啊！"

案例分析：

（1）团队氛围好不等于真的好：大家其乐融融不等于团队就一定很好。诚然，好的团队氛围一定会好，但是不好的团队氛围不一定就差，反而有可能大家组成了一个联盟来对抗公司，这样的事情很多。

（2）表面观察很难获得真实信息：只通过开会聊天的形式是很难发现问题，督导应该运用更多的手段和方式，才能获得真实的信息。

诊断技巧：

（1）市场观察：走访市场，通过对终端的查看，来发现背后隐藏的问题。

（2）内部消息：做事情要有内部人才好。平时督导要在各个地方安插"自己人"，不用自己去，他们都会传递消息，说明当地的情况，有什么变化等。

（3）竞品了解：有时候自己人这边是铁桶一块，其实竞争对手都知道你们品牌发生了什么问题。作为督导，不仅要跟自己人关系好，跟竞品的人关系也要不错。如果不认识也没有关系，自己装作应聘的员工来调查一下，竞品的人也会跟你说明你们公司情况。

（3）相关数据：通关加盟商的离职率、营业额、货品及盈亏情况等数据来判断到底加盟商的经营情况怎么样，因为数字是不会骗人的。一些公司流传一句话："请用数字说服我"，这很重要。

给出策略：

（1）给老板以方向：我们走过一个市场之后，要给老板以方向，让他们知道该怎么走，不该怎么走。有明确的目标方向，才算是完成任务了。

话术举例：以案例为例，我们回去可以这样汇报："南京区域是重点，靠近上海，消费潜力很大，绝不能放弃，一定要做好！您给我一点时间，我一定保证业绩有重大改观。"

（2）给公司以策略：公司希望你能够拿出改进的方法，到底该如何操作才能有所改观，这些需要我们根据调查的情况来做出详细的解决方案，当然本书有很多工具可以使用。

话术举例："南京区域我看是有一定问题，改善方向是调整员工绩效，并且做活动，短期内把销量拉升上去。"

（3）给员工以信心：对基层员工就是需要不断打气、鼓劲，让他们相信企业、相信公司、相信你，这就需要你的鼓动能力了。

话术举例："请大家放心，我一定在最短时间内解决大家的问题，公司不会置之不理，请大家再给公司一点时间，一定会有改观的，大家拭目以待。"

（4）给自己以时间：有时候督导会惹事上身，很多事情不是你操作的，最后也会变成以你为主。谁让你会得多、懂得多，同时职位又不高呢？所以在整个操作过程中，要自己留好回旋的余地和时间。不然所有的事情一下子堆过来，一定做不好。

方法策略：

（1）暗访：悄无声息地进入市场。先走市场，了解基本情况再去当地公司，这样就可以验证他们说的话是真是假。

（2）约访：约谈个别人员，逐个了解每个人的想法，最后汇总大家的信息，就能够清晰呈现出现实状况。

（3）观察：从人员、办公环境、店铺维护等细节进行观察，从而推断经营现状。

（4）数据：收集销售、工资收入、市场物价水平、人员流动等数据。

总之，发现问题、诊断问题，再给出建议是一个系统工程，不是一两句话能说清楚的，请各位督导在实践中不断摸索、不断完善，把事情做得更好。

七、督导的沟通技巧

督导的沟通能力十分重要，为了更好的沟通，我们需要运用不同的手段，下面介绍几种常用的沟通方式：

（1）电话沟通。

电话沟通虽然看不见人，但能感受到一切，什么意思？打电话的时候，对方是刚睡醒还是感冒了，是认真在听还是无所谓，是着急有事情还是很悠闲地无聊中，都能听出来！

笔者当初做销售业务的时候，每天被要求打100通电话。有一次我给客户打电话听出对方感冒了，就关怀了一下说："你是不是感冒了？"她说是有点。我说最近流感比较普遍，要注意啊，感冒了要多喝热水等。几句话之后，她的态度就不一样了，主动和我说他们公司的情况。虽然我们没有做成生意，关系还是很好的。

所以，运用电话沟通的时候要注意几个方面的问题：第一，你的坐姿是不是很正，让气流通畅；第二，心情愉悦和微笑，别人是能感觉出来的；第三，当然要准备好纸笔了；第四，注意打电话的时间，要下班的点或是夜里十点后尽量不要打电话，很不礼貌，也不会收到好的效果。

曾经我在一家零售商贸公司做培训主管，当时我的领导陈总从深圳打来电话和我沟通。这个陈总是出了名的能说，和他打电话至少一个小时。我们沟通得比较愉快，他问我答，交流了关于培训工作的所有事宜，达成了很多共识，最后他说："我和你说的你都明白吗？"我说明白。"都记住了吗？"我说是的，会照做的。他说："那你给我重复一遍。"啊！我差点晕倒，怎么不按套路出牌呢？愣了一下，一个多小时的电话，最后居然让我重复一遍。还好，我当时记录了主要的内容和共识，才得以化解危机。后来我发现陈总的做法是对的，有时候说多了，你不一定能够抓住重点，最后再确认一下，才能达到真正的要点和共识。

(2) QQ、MSN、电子邮件。

电话沟通有时候可能死无对证，对方可能说没有接到这个信息，扯皮的问题就发生了。相比之下，500强企业通行的惯例是电子邮件，有记录，信息传递明确，大家得到指令，具体做事情就行了。

我们公司商品部同事小玉有一次和总部物流部要一批促销品，催了多次说是发了，算时间也能在促销开始时发到。但是等到了前一天货还没到，一问才知道还没发呢。于是双方就吵开了，后来把QQ记录发过去，对方不得不承认说过这样的话，最后解决的方式是先用快递发100个，剩余部分马上就到。

后来小玉在沟通过程中，所有的聊天记录都不删除，留作证据。有证据不扯皮，赖不了账，对付健忘的人比较好。

（3）微信、短信。

现在通信越来越发达，微信的信息几乎取代了短信，只有在流量没有或是信号不好的时候发短信，其他时间都是微信沟通。微信沟通有它的好处，对不需要及时回复的信息，等对方发现，在方便的时候回答就可以。

微信同样具有记录留存的作用，但请不要把微信用错了，当作 QQ 用。有人发微信常常用"在吗""我有事情找你"，这样的留言一点意义都没有，直接留言说事情就行了。比如"刘总，我发现巴黎春天百货今天就一个人上班，不知道什么情况，你帮我看看谁请假了？""小刘，帮我看看我们的某一款产品是不是还有库存？"等，直接说事情就可以，别人看见了自动就会回复，看不见你也不着急。如果着急，你会直接打电话了，哪还要等别人微信回复呢？

（4）面对面。

面对面沟通是最原始的方式，这样沟通的时间成本和空间成本都很高，无论是领导、同事还是下属，在企业里面都比较宝贵。大家静静地坐下来沟通一件事情，一般都是要预约的。面对面沟通的好处是比较透彻、比较全面，有时候跟自己的上级有机会彻底沟通的时间，就是公司每月考核的时候。

面对面沟通是一种双向的沟通，分为两种形式，一种是正式的沟通，就是在办公室里面就一件工作的事情进行沟通；另一种是非正式的沟通，到工作环境之外，找到一个咖啡馆，或是吃饭的时候进行一些沟通。正式的沟通对于理性分析的课题，大家就一个话题进行研讨是非常有好处的；非正式的沟通，是大家有点误会或是矛盾时，进行一种感性的沟通是非常必要的。这样能让大家放开工作中的利益对抗，从而理解对方的难处。

多年前我当培训主管时，公司有一个办公室主任跟我是平级，后来我被提拔为公司人力资源部经理，这样我的工资就比他多了 200 元，于是我发现他的状态不一样了。原来都很配合的事情，现在就说风凉话，"咱也没有拿那份钱，我就不管那么多事情了，你能力强你上吧！"我看出来后主动请他吃饭，说："我关注的就是把公司这点事情做好，至于说谁是谁上级，谁比谁多拿那点钱，你不缺 200 元，我也不缺 200 元，我们以前配合得都挺好的，有事情我们商量着来，你看怎么样？"他感觉获得了尊重和认可，后来的工作顺畅很多。

其实在我个人的经历中，这种痛苦经常出现，因为做培训的原因，很多时候没有干多久，就成了我原来领导的领导，就需要用非正式的沟通来化解工作中的矛盾和尴尬，创造更加和谐的氛围。

（5）会议沟通。

会议沟通是一种多项沟通，也是我们要利用好的沟通形式，发挥得好，让自己在公司里的地位提升得更快，对工作顺利开展作用巨大。

比如我在原来的一家公司做培训专员，后来公司发展壮大了，我被提拔当人力资源部经理，开始大家都叫我小熊，后来老板开会的时候说："以后就不能叫小熊了，就改叫熊经理了。"其实这对我来说没有什么心理变化，但对于工作的开展是有好处的，同时也说明了，会议沟通的形式是多项沟通，信息要简洁明快。比如你要去做个报告，要让所有人明白你的工作、你的意图、你的成绩。这种沟通覆盖面广，对你的帮助也特别大。

(6) 正式报告。

正式报告耗时长，需要大量的时间，对语言表达能力要求比较高，是很正式的单项沟通方式，但是完整且充分。很多公司制度里面会有这样一条，对公司有合理化建议，接受后有重大效果的，公司给予奖励。这样的奖励要想拿到，那就一定要用正式报告的方式了。用其他的方式是很难拿到的，因为没有有力的证据，或是系统的流程步骤和方法。所以，很多人天天跟老总腻在一起，也没有什么长进，或是得到领导的重用，还只是一个跟班的，留给别人一个拍马屁的印象，而真正牛的人就是能够系统解决公司问题的人。

我曾经就职的一家公司有一个很奇葩的现象，就是财务部特别的强势，以至于在我离开后的三年时间里，人力资源部都没有了，被财务部取代了。财务部从三四个人发展到30多人，把信息管理部、网络部门，还有人力资源的薪酬、绩效、社保、培训都纳入旗下。有人说："这是干什么呢？是不是财务部跟老板关系好啊？"关系好可能只能说明一部分，其中最重要的原因是财务部的负责人会写报告。总经理桌子上有一半以上的报告都是她写的，公司无论有什么动向，她都能从财务的角度出政策制度。而且市场部要费用，财务部只要不给钱，就什么也玩不转。财务部强大到无可比拟的程度，跟财务部的领导会用报告形式做沟通，有很大关系。很多事情不是你说就可以的，要有系统的方法、制度的要求、流程的管理，同时还要符合公司开源节流的经营理念，这是一个大智慧的沟通方式。

作为督导人员，要能够运用不同的沟通方式，让自己游刃有余地纵横于职场之间。

1. 如何做好与上级领导的沟通

在任何公司的任何职务，与上级沟通都是最重要的事情。在学习完沟通方式后，我们看看如何跟上级沟通。

（1）与上级沟通的目的。

一般有三个（如图 1–6 所示）。

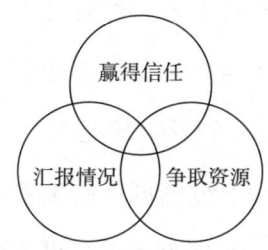

图 1–6　与上级沟通的目的

● 获得信任：跟上级沟通的首要目的是获取信任，记住，获取信任要比事情本身更加有意义得多。当你的上司不信任你的时候，什么事情都办不成，或是办成了，上司也不认为是你的能力，而是你的幸运，这不是一件很悲哀的事情吗？

我在当督导的时候，第一次出差到深圳学习，然后去武汉、南京给同事传播这次学习的内容，最后再回到西安，时间将近 40 天，应该如何获得领导的信任呢？很简单的一个方法就是及时提交工作计划，每天去哪里了，到了哪家店，发现了什么问题，这些都是获得老板信任的方法。后来，我在做苏宁电器的咨询顾问时也用过同样的方式，进行市场调查 30 多天，每天晚上我都发一份当天走访的简易报告给苏宁的对接人，就是为了取得他们的信任，或是说让他们放心，我是在工作，在走市场，不是在玩或是旅游。有了这样的基础，你再沟通问题，汇报情况就顺利得多了。

● 争取资源：无论是企业内部还是企业外部，资源始终都是有限的，而资源却是干成工作的最关键环节。沟通一定要争取资源，这种资源可以是资金、物品，也可以是政策，或是时间，总之资源是沟通时比事件本身更重要的目的。有钱有物自然好办事，如果能够开政策的绿灯或是给你更多的时间去做事情，也是很不错的选择。

● 汇报情况：有人说这个不应该是第一个吗？没有汇报的情况，你去哪里得到领导的信任和争取资源呢？大家都知道，事情本身并不重要，而是解决问题更重要。如何改进提高更重要，已经成为既定结果的事情，领导就不关心了。

举个例子，一家店铺销售额为每月 30 万元，突然业绩下滑为每月 15 万元，这个结果重要吗？不重要，重要的是，为什么会下滑呢？什么原因呢？反过来也一样，一家店铺每月销售额从 15 万元提升到 30 万元，老板当然会很高兴，但是他更希望的是怎样把这样的经验传播，所以汇报情况本身就不重要了，但是要让领导知道情况本身还是很必要的。

（2）与上级沟通的过程。

● 认知上司性格：每位上司的性格不同，沟通的方式和角度也不同，这些需要大家在工作中进行摸索。关于性格学，是一个很大的课题，这里简单给提供大家一个 DISC 的性格分析方式来把握大致的方向，让你的沟通更加的顺利，并符合上司的喜好（如图 1－7

和表 1 - 18所示)。

步调快、独断、直接、外向

Dominance支配
特性：自尊心极高
情绪：易怒
压力：粗鲁、没耐心
希望：直接、掌握、成果
恐惧：被别人利用

Influence影响
特性：喜欢表达
情绪：乐观
压力：杂乱无章、口出恶言
希望：讲信用、给予声望
恐惧：失去社会认同

独立、以事为主、喜支配 —————— 讲关系、以人为主、爱助人

Compliance谨慎服从
特性：完善主义者
情绪：危机意识
压力：慢半拍、退缩
希望：提供完整说明详细资料
恐惧：被批评、缺乏标准

Steadiness稳健
特性：坚守信念，话不多，易预测
情绪：平稳不易显现
压力：犹豫不决，惟命是从
希望：提出保证且尽量不改变
恐惧：失去保障

内向、间接、保守、步调慢

图 1 - 7 DISC 的象限分析总结

表 1 - 18 不同性格领导的工作方式及状态表象

类型	工作方式	状态表象
支配指挥型（Dominance）	果断、独立、有能力、热情、审慎的、有作为	有目光接触、有目的，说话快且有说服力，语言直接，使用日历、计划
表达社交型（Influence）	快速的动作和手势 生动活泼的 抑扬顿挫的语调 有说服力的语言 陈列有说服力的物品	外向，直率友好 热情的 令人信服的 幽默的 合群的 活泼的
规划支持型（Steadiness）	合作 友好 赞同 耐心 轻松	面部表情和蔼可亲 频繁的目光接触 说话慢条斯理 声音轻柔，抑扬顿挫 使用鼓励性的语言 办公室里有家人照片

续表

类型	工作方式	状态表象
分析思考型（Compliance）	严肃认真、有条不紊、有计划有步骤、合乎逻辑、真实的、寡言的、缄默的	面部表情少 动作慢 准确语言，注意细节 语调单一 使用挂图

● 把握沟通节奏：根据 DISC 性格分析可以看出，不同的上司个性不一样，而你要把握节奏该怎样做呢？不是以你自己为中心，让上司听你的，而是根据上司的性格，提供不同的沟通方式和不同的材料，让上司更加清晰地了解情况，并且愿意听你讲下去，同时认可你的观点和内容。表 1 - 19 为不同类型领导的节奏把握和沟通前准备。

表 1 - 19　不同类型领导的节奏把握和沟通前准备

上司类型	节奏把握	沟通前准备
支配指挥型（Dominance）	沟通时要直接，不要绕圈子，把最重要的东西直接说出来，不要多余的感情因素。领导问什么就回答什么，不要拖拖拉拉	准备好材料，领导可能不愿意听很多，有些说不完的事情，可以用材料补充
表达社交型（Influence）	汇报完一个情况后，静静倾听，多做笔记，并不时发问，让领导自己说出或是猜出你是怎么做的，进一步激发他的表现欲，最后你查缺补漏就行了	多准备一些问题，引导领导去想象你的操作，或是指导你的操作
规划支持型（Steadiness）	汇报按部就班，把事情有条不紊地说清楚，不要着急，穿插一些亮点即可	工作的步骤是什么？每步骤的要点是什么

续表

上司类型	节奏把握	沟通前准备
分析思考型（Compliance）	汇报时准备些复杂的、令人疑惑的问题，让领导有分析的空间，汇报可以随意一点，因为领导会分析出你工作的逻辑和过程，以便彰显自己的能力，你认真学习就可以了	要点按步骤排列，让领导清晰知道有几个要点就可以了

• 彰显工作成果：无论什么样的领导，我们都需要汇报工作成果。工作成果有很多，尽量以数字形式汇报，以量化的形式汇报，这样可以让领导一目了然，让领导知道你做了多少事情，甚至辛苦的程度也可以用量化的指标来汇报，比如加班多少小时，或是三天三夜没有离开现场，等等（如表1-20所示）。

表1-20　工作成果举例

督导成果举例	数字结果描述	综合形式
培训方面	开发课程23门 本月授课45小时 开展培训场次8场 培训人数357人次	培训满意度模块
市场方面	走访3个大的区域市场 走访终端店面56家 调查竞争品牌4个	市场调查模块
督导方面	处罚终端违规行为83起 奖励优秀员工18个	人员素质提升模块
制度方面	出台新督导政策8条 修订升级老的规则5条	督导系统化建设模块
配合方面	配合人力资源部招聘7人 配合产品部处理库存产品102件	部门配合协调模块
业绩方面	辅导8家店面扭亏为盈 实践某区域店铺业绩同期增长25%	业绩增长模块

• 阐明所需支持：在所有的成果汇报完成后就是自己下一步的目标，而有目标就需要很好地去完成。完成新的目标就需要新的资源支持，各位督导根据自己的情况去争取相应的资源。

这里要说明两点：

第一，不要考虑领导会不会批准。有很多人考虑领导不会批就不提了，觉得提了也没有用，这是错误的想法。他不批会觉得亏欠你一个人情，当你有什么困难时，他会帮助你或是礼让你。但是如果你不提，出了问题，他就认为是你的责任，这样得不偿失。

第二，不要想一定能够给充足。平时在工作中，领导给不给资源都要做事情，所以我们可以去争取。如果给了固然好，不给我们也能做，而且要心态放平和。从长远来看，提 10 次领导批 5 次已经是高概率了，所以积极做事情，心态平衡很重要。

• 执行沟通结果：执行沟通结果，记住要"快"，快速执行以免公司发生变化。快速执行后，防止自己辛勤沟通下来的成果付之东流。有人说："老师，那你执行得那么快，万一领导变卦了，不是会骂你没有脑子吗？"工作中我们不能这样考虑问题，这样你自己就永远没有进步。我们要假定每个老板、领导做出决定都是想要你快速做出成绩和结果，即便他后悔了，或是觉得当初的决定有错误，也不会怪罪你做事情又快又好啊！所以快速地执行，你就能够让领导最快速地看到效果，从而验证你自己的判断，也会进一步巩固你在领导心目中的地位。这样的思维和路径才是双赢的思维，希望小伙伴们谨记。

（3）与上级沟通的要点。

• 养成定期沟通的习惯：不要等有事情了，领导叫你了，你才去跟领导沟通或是汇报。这样自己会比较被动，养成定期汇报的习惯，比如每周的周一和周五，或是每月的月初、月中和月末。这样不但会给领导留下良好的印象，同时可以管理领导，让他知道你会定期汇报，所以平时不用来骚扰你。你的时间和空间也就增加自由。

- 沟通时观察上司状态：在沟通时，如果发现上司状态不好，那就果断停止沟通，下次再找时间汇报。不然容易好事情变成坏事情，下次想挽回就难了。

- 不要浪费上司的时间：汇报时尽量在最短的时间内把事情说清楚，不要浪费上司时间，除非他愿意跟你聊更多，你再与上司聊其他细节内容。

- 沟通过程让上司感动专业：沟通工作时让上司感受到你的专业、认真、付出，可以用些语言技巧，稍带自己是怎样攻克一个难关，或是如何快速果断解决问题的。

上司沟通小贴士：

汇报工作成功时，避免有邀功之嫌。

汇报工作困难时，避免有无能之嫌。

请求工作指示时，避免有敷衍之嫌。

2. 如何做好平行部门的沟通

跟平级沟通在中国的关系社会中尤为重要，或许外国企业工作关系比较单纯，直接根据自己岗位的内容工作就可以了，但是中国绝对不行。

（1）与平级沟通的目的。

- 获取支持：在中国的企业里不是领导支持你就行的，平级部门给你使绊子、挖坑，你寸步难行。所以我们跟平级部门沟通就是为了获取更多的支持，所谓"一个好汉三个帮"，这三个帮可以不是你的下属，而是你平行部门的兄弟姐妹。

• 互相了解：很多部门只知道自己部门的运行规则，根本不知道其他部门是怎么一回事情，所以你需要通过沟通，让其他部门了解你部门的运行机制，不然你就是累得要死，别人还是不满意。

比如我曾经工作的一家集团公司主营业务是饮用水，同时公司还有呼叫中心、航空机票服务部、物流配送部。培训部门是新建的，我做培训主管，刚进去没有多久就组织各个部门培训，其中有一堂课程是《呼叫中心的软件使用》。这个软件平台是用来查票、订票、出票的，都是软件公司来人直接培训票务部门主管，然后他们给员工培训，结果票务部门主管在培训的时候说："我们以后有培训部门了，那么以后的培训我就不做了，由我们培训部门的同志来做。"我听得差点晕倒。

所以这就需要沟通。因为他根本不知道培训是一种资源的整合、信息的交流分享。不是什么事情都是培训部学好了去讲课，那谁能做公司培训啊！

• 巩固阵地：在互相都了解的基础上，还有部分是交界地带。好事情谁都抢，不好的事情谁都推，这些都需要进行沟通协调，让公司里面的部门交集更加完善，不至于错漏。甚至有些事情领导自己就做了，不用你去做，这样你的边界就越来越小。这些需要我们很好地学习，让你自己成为领地的专家，别人才没有能力插到你的地盘里面来。

（2）与平级沟通的过程。

● 同流交流：我们要观察周围的环境，看看大家都做什么事情，必须建立同样的爱好才能进行交流。当然这些爱好多半是工作之外的爱好，这样才能让你跟大家同流。同流之后才能交流，大家才有共同的话题。

根据工作环境不同，周围的环境氛围也不同。比如有的同事愿意出去吃饭，而有的就愿意带饭到公司吃。如果你是部门领导，当然是多跟部门领导一起出去吃吃饭为好。如果大家最近都在看什么电影，那你就要跟着看。如果大家都在讨论 papi 酱和逻辑思维，那么你也要跟进学习。他们都在讨论股票投资理财，那么你也要跟进才行。他们都在讨论韩剧和孩子，自己也抓紧生孩子去吧。如果年龄还不到，说明你进错公司了。总之，这就是同流才能交流！

● 提供帮助：提供帮助可能是最好的处理平级关系的方法，你帮助我，我帮助你，大家礼尚往来会有很好的效果。

比如我当时在公司里就是一个培训督导，我进去后为了有亲和力就自称小熊，因为他们年龄比我都大，这样大家交流沟通比较方便。我又没有什么行政职权，所有的事情都是沟通解决，而且我不愿意用权力，都是争取他们的信任和支持。你专业，别人自然就听你的。比如：当时他们电脑都不行，我比他们懂的多一些，他们有事情就会问我，让我帮忙。有时打印机有问题、排版排不好，我都帮助解决，这样大家就比较融洽。

● 学习互补：你有一个思想我有一个思想，大家一交流，我们就有两个思想。技术也是一样，你有一个技能和专业，我有一个技能和专业，我们互相学习，我们就有了两个技术和专业。

比如督导部的人往往会做 PPT，而货品部的人使用 Excel 的技术顶呱呱，大家互相学习一下，交流一下，技术就都提高了，而且氛围融洽，互相了解对方的不容易，同时又敬佩对方的专业。督导部一到统计数字就头痛，而让货品部的人做汇报 PPT，对他们来说简直是折磨。现在随着全民素质的提高，使用电脑软件已经不是很困难的事，但就专业倾向来看还是如此，大家互相学习一直都是有力的沟通武器。

(3) 与平级沟通的要点。

● 平等交流：大家都是部门领导，都是一个专业领域的负责人，所以无论大小都是一样的，沟通起来要不卑不亢。当然公司领导对各个部门的重视程度不一样，这不能抹杀我们自己的地位。主要看你自己，是不是看得起自己的专业。

● 互利互惠：平级之间既是合作也是竞争，因为内部资源有限，所以有竞争。因为领导关注度和重视度也是稀缺的资源，所以有人会争取，争取不到或许会去诋毁他人。我们要秉承大家是一家人，一致对外的原则，不伤害其他部门的利益，说事情要双赢，大家都有好处才好。

● 尊重专业：平级之间有种怪圈就是互相轻视，自己总觉得自己的部门是专业的和最厉害的，而其他的人就是沽名钓誉之徒。其实不然，大家都有自己的专业，是你不知道的。你不懂别人的专业，所以要充分给予其尊重，尊重他们的规则，尊重他们的流程，尊重他们的工作风格和行为做派。

财务报销是一种专业，不是刻意为难你。很多人都有这样的体会，财务部老是这个日期不对、那个字没有签，这个不行，对不上，以为财务部刁难人，不办事情。其实财务部看数字、看签字，不看人，谁做的不符合规范就是不能报销。每次我去财务部都是特别尊重人家，说明自己是第一次报销，不懂流程，希望人家教教我，所以每次有点问题别人也会给我办，因为尊重人家的专业，而不是自己不懂还装懂，诋毁人家的专业性。

3. 如何做好下级部属的沟通

一个部门只有领导知道要做什么，下属都不知道，那目标达成就很困难，孙子兵法讲："上下同欲者胜"，说的就是上下目标一致，才能同仇敌忾，这样才能赢得胜利。这就需要沟通来解决。

（1）与下级沟通的目的。

● 明确任务：下属是我们的手足，没有明确的指令就做不好事情。作为领导，你也没有时间去跟他们闲聊，主要工作就是发出指令跟进过程，而指令是最重要的工作。比如巡店任务、开店任务、培训任务，等等。

● 能力差距：让下级明白自己的指令是让下属认知到自己要做什么，但是很多人不知道自己到底能力如何，或者说在领导心里能力如何，是不是能够胜任这项工作。有时候大家的认知是有错误的，下属认为他能完成，而实际上他的能力欠缺，你必须帮助他去思考，找到方法才行。如果只是发出命令，他是完不成的，所以这个目的是让他明确认知自己。当然还有人能力超强，而自己却不认为其有能力，无论是哪一种，都需要我们自己去平衡它，毕竟他是你的手足，你是他的大脑。

• 利益同盟：沟通的方式有一对一，有一对多，通俗讲就是个别谈心和集团开会，这些的核心目的是，达成一个一致的同盟，一个坚强的利益同盟。比如李云龙给独立团讲话，就是达成一个价值观的同盟，最后形成一个利益同盟。而个别人会不愿意，不服从管理，要出头，要破坏你的规则，这时你就要个别沟通，让他认同。

（2）与下级沟通的过程。

• 有效倾听：无论是自己找下属来沟通，还是下属主动找你沟通，都要以倾听开头，会听的人要比会说的人厉害得多。这就是为什么领导说话都少，但是说一句是一句，下属说话很多，但多少都是没有用的抱怨之声，所以很多事情不用听。我们要倾听，而且要换位思考，要站在下属的角度，带同情心去听。下属很难理解领导的难处，因为他没有当过领导，而领导一定是当过下属的，所以领导应该理解下属，不是下属理解领导。他不会理解的，除非有一天他坐在你的位置上，他就理解了。所以下属有抱怨，有对领导的不满都是正常的。任何场合的倾听，就是让下属宣泄他们的不满。

• 有效发问：比如很简单的一句话，我想听听您的看法？就可以让下属滔滔不绝地说一大堆，为什么？因为他们根本没有准备，下属办事情多数没有准备，为了自圆其说，就会不停的说些不着边际的话。因为他们也清楚，领导找他，自己心中早有定数，不是来请教他什么的，而是来传递信息的。所以我们要用发问来理清他们的思路。

• 整理思路：接下来就是整理他的逻辑，他的看法中好的，符合你要求的，不好的，不符合你要求的地方，然后用不同观点，加以处理，让他能够符合你的管理要求。只有通过这样的沟通过程，整理出来的思路，下属才认同，因为他也参与了。有些时候通过这样的整理沟通，自己也会收获很多新的方法，让自己收获更多。

• 共同协议：这时候要把我们的指令落到一个共同的协议中，其实就是一个口头的约定，让我们有一个共同的方向，让彼此成为一个利益体，为一个目标而奋斗。

• 约定反馈：在什么时候要向我汇报，什么情况你可以自行处理，大家有一个约定，这样一次完美的沟通就完成了。所有人都要领导去培养，培养的过程就是逐步沟通，达成一致的过程。

(3) 与下级沟通的要点。

• "扬善于公堂，归过于私室"：这是中国的管理艺术，照顾大家所有人的面子，让他改过之后努力工作，而不是消极怠工。

例如："我以前也会犯下这种过错……"，"像你这么聪明的人，我实在无法同意你再犯一次同样的错误""你以往的表现都优于一般人，希望你不要再犯这样的错误"。

• 提供机会帮助成长：对于下属来说不要直接给答案让他去做，而是提供机会让他自己去做。做完后他自己才能体会到，什么是对的什么是错的，这样是一个疏导的方式中而不是围堵的方式。当然要在不影响全局的情况下，毕竟公司不是实验室，不是让你来做试验的地方。做不好的话，领导要自己承担风险。

• 主动关心下属的难处：领导有时候要从员工的角度去思考，他们的感受是什么。

王永庆去餐厅吃饭，听说这里的师傅做的牛排非常好吃就点了一份，结果没有吃完，只吃了半块，王永庆让厨师过来，大家都不知道是怎么回事。厨师过来后，王永庆说："你的牛排做得很好吃，我怕你看到我没有吃完，只吃了半块牛排会难过，真正的原因是我年龄大了，吃不下了，我和你说一下，以免你对自己的手艺有所怀疑。"王永庆这样照顾他人的感受，让所有在场的人感动不已。

所以作为上级要多考虑下级的难处，下级才能更好地感受到上级的关怀，从而形成一支强有力的团队。

八、督导的协调技能

督导的协调能力是做好工作的关键环节。由于督导的角色，很多事情是纷繁复杂的，需要协调各个方面的关系，因此，督导必须具有综合素质，才能在工作中游刃有余。

【案例】西安民生店店长刘红上任没几天，就得罪了商场的领班，弄得领班天天给店铺穿小鞋，店员不是受批评就是被罚，纷纷要求换店或离职……

老板：民生店状况不佳，你去看看？

督导：这店长也真是昏了头了，不知道在人家地盘做事情吗？忍着点啊！给我找麻烦！

1. 如何处理店长与商场的矛盾

（1）明晰立场。

首先我们在处理前要明晰，商场人员的立场跟我们不同，而且大家有一种争夺关系，比如文化的争夺。本身员工不属于商场，属于品牌公司，但是商场为了统一管理，他们就觉得你们在我的地盘上面，就应该按照我的规则来，听我的，认同我，而不是品牌公司的，这就是最大的矛盾。

商场的立场：

● 听我指挥：商场人员多数有这样的想法，就是听我指挥，特别是新官上任三把火，总要显显威风。

● 统一步调：商场的确是要有统一的规范，才能称之为商场，这一点无可厚非，也值得尊重，所以这一点品牌公司应该给予配合，对自己品牌的发展也有好处。

● 资源配置：商场总有些资源是可以灵活处理的，给谁都行，最后就是看谁顺眼，不花钱也能弄到资源，这或许就是我们需要处理商场关系的重点所在吧！

● 礼尚往来：有句话叫："人在屋檐下不得不低头"，在人家的一亩三分地上做事情，有时候就要"礼尚往来"，吃拿卡要的现象虽然是个别人的个别行为，但是你一定会遇到，还是提前认知，早早预防为好。

店长的立场：

● 品牌公司的利益：很多品牌公司有自己的规定，跟商场不相符时，店长们还是倾向于执行品牌公司的规定，实在不行再执行商场的规定，优先次序不同，导致了矛盾冲突的产生。

● 员工利益：有时候店长吵架不是为了自己，是因为员工犯了小错误，就被从重处罚，或是根本就是找茬处罚，你说气人不气人呢？

● 业绩压力：公司业绩压力很大的时候，店长的管理能力和情绪都会失调，最后导致失态的行为，与商场发生冲突。

（2）**处理步骤**。

● 诚意道歉：无论谁对谁错，都是我们的错，如果商场没有错，也是我们不小心让商场犯错。你在人家那里，人家店大欺客，你能怎么样呢？所以诚意道歉，让商场管理人员有面子、有范才是重要的。

● 充分沟通：店长的身份跟商场其实是不对等的，只有经理和督导能够对接。当然好的店长能够做到更好地交流，但从角色上看，还是欠缺，有时候也就是一个传话的。与其传话，还不如就自己去好好充分沟通，让彼此了解更加深入，当上层关系打好，下层关系就会自动改善了。

● 主动改善：就问题点主动改善，并且做好信息反馈，让大家都明了。其实商场过度为难你也是跟自己过不去，毕竟大家是一个利益共同体。

（3）**处理要点**。

● 底线原则：守住底线，毕竟商场是靠店铺才能有收入的，如果真的搞到撤场的地步，对谁都没有好处。

● 沟通话术：

"领班你好，您看我们店长还是很尽心竭力做事情的，只是对商场的规矩不太懂，所以造成误会，也是我没有教好，您多原谅。"

"领班你好，您说的没有错（无论说啥都是没有错），只是我们店长理解的可能不一样，站在我们的角度也能够理解，毕竟只有我们销售得好，商场才有更多的收入。我们是一体的，所以大家还是不要为了这些小误会影响后期的销售活动。我也会让店长多学习，快速成长的。"

• 小恩小惠：送点自己品牌的小礼品吧，毕竟"礼尚往来"还是很重要的。

2. 如何处理店长与店长的矛盾

百联店店长和世贸店店长经常为了抢货源闹矛盾，最后发展到达剑拔弩张的程度。公司规定，各店铺库存共享，顾客愿意等待，可以从有货的店铺调货，而这两位店长经常以自己店铺"卖得好"为由拒绝调配，让公司损失了业绩和口碑……

（1）矛盾焦点分析。

店长之间的矛盾到底出在哪里呢？分析起来大致有以下两个方面原因。

个性原因：

• 维护利益：我的地盘我做主，我的兄弟我维护，这样才能得到大家的拥护，所以必须跟别人斗争才行。不然兄弟们吃什么，喝什么呢？

• 争强好胜：争强好胜的人往往会和别人产生冲突，也容易得罪人，所以也会成为自己惹祸的根源。

• 恶意打击：老子就是看你不顺眼，就是要跟你对着干，就是要在你背后使绊子，你说你能怎么地吧！不乏其人。

资源原因：

• 货品资源：公司里面好卖的产品各个店铺都好卖，所以货品的争夺是最前端的。有很多店铺甚至会恶意压货，出货速度却会特别慢，而有的店铺出货速度特别快，谁都不愿意自己的产品被别人拿走，毕竟这些可能卖掉一双就是一双，后面没有了。

- 促销资源：促销品的资源也是有限的，也会成为大家争夺的焦点。这个不仅体现在各个店铺中，更加体现在各个导购身上，所以也是一个根源。

- 客户资源：客户在 A 店买东西，在 B 店也消费，而且都是公司的 VIP，你说到底算谁的？谁抢到了算谁的，看谁能有本事让他到你们店铺去，这就需要争夺。

- 薪酬政策：各个公司的薪酬政策、考核机制不一致，也会导致各个店铺的考核不一致。大家业绩目标不一样，所以争夺的力度也不一样。

（2）处理步骤。

- 强调规则：无论发生什么事情，第一步先强调规则，要摆事实讲道理，这样才能行得通，不然后期的协调无的放矢，给人一种无力感。

- 协调资源：店长争夺的多数是争夺资源，即便是有恶意的报复，也要以资源的形式来呈现，所以协调资源才是关键。

- 令行禁止：处理完后，一定要令行禁止，今后不准再发生类似情况，不然自己成为救火队长，要天天处理这类事情。

（3）处理要点。

- 一是自己不偏不倚：作为督导要每天平衡好，能做到这一点肯定不容易，但是这是我们的一个高级追求。事情既然发生，就总有平衡点，从单一事情上看没有，从长远来看有。我们要有经营思维，平衡好各个方面的矛盾。使自己的能力不断提升。

- 二是找准矛盾原因：前面我们分析过很多原因，但是真正的原因往往隐藏得很深，所以我们要好好甄别，让原因浮现出来，让事情真相大白，让店长陷入自责的境地。因为既然能争吵起来，就是双方都有得理不饶人的地方，一旦自己意识到自己的过错，就很容易化解矛盾。

- 三是做到一事一断：做事情不要牵连过多的感情和事件，以往的过去了就过去了，今天的事情就今天的事情来论断。所谓"清官难断家务事"，是因为家务事牵连很多年的事情，不是一个单一事件，就很难分清楚，也很难断清楚。

在解决店长之间矛盾时，首先要秉公办事，不偏不倚，不能有私心。稍微有偏心、私心，下属肯定能感觉出来。即使不偏心，有时下属也会怀疑上司不公，更何况偏心呢？作为督导，只有公正，才能减少矛盾。

3. 如何处理店长与店员的矛盾

（1）矛盾焦点。

店长诉求：

- 店员听话：每个当领导的都希望属下很听话，店长对店员当然也不例外。

- 不用操心：最好你们自己成长，我不用管、不操心，不发生任何事情。

- 主动学习：主动学习自己不会的东西，不懂就问，而不是我去一点点教你。

● 个性趋同：个性最好跟我差不多，这样才可以沟通更加顺畅。

员工诉求：

● 让我信服：员工觉得你不能让我服气，没有让我佩服的地方，我为什么要听你的，你有什么本事？

● 给我加薪：除非你能给我提工资，让我得到实惠。

● 你教会我：你不教我，我怎么会？不是我不学，而是公司没有教，店长没有教，所以我不会是正常的。

● 展现自我：从小到大就是这个样子，改不了了，上班就是要快乐开心，那么多的规范、条条框框怎么能做好事情。

（2）**协调步骤。**

● 双方谈心：对于店长和店员之间的矛盾，我们要找双方谈心，从心灵开始疏导，或是指导店长找员工谈心，都是很好的方法。谈心的时候注意自己的立场，自己是一个调停人的角色。

● 找到核心：作为调停人，摆事实讲道理是一定的，但是要把握好矛盾的关键。核心的矛盾到底在哪里，是可以调和的还是不可以调和的，如何能够让双方的关系更进一步。

● 设置场景：当两方的人都谈过后，矛盾就基本了解了，那么可以设置场景，是在店里还是在公司，或是在咖啡厅等非办公场所，把两个人叫到一起化解矛盾。

● 化解矛盾：矛盾的类型很多，大部分是情绪化和误会，想要解开并不难。如果是价值观的、深层次的不认同，那就是不可调和的矛盾了，我想也没有必要强求，可以采取调整岗位的方式解决。矛盾的化解不能只靠口头的调停，通过行动化解也是一条有效的路径。

● 利益绑定：可以设置一个利益绑定，比如两个人达成一致的共识，如果在两周之内再犯，两个人同时处罚，或是两人达成一个共同的目标后可以获得一笔奖励，都是很好的利益绑定的方法。

（3）协调要点。

● 心态认知。不期望一定重归于好，有些矛盾是不可调和的，表面上过得去，也算是一种调和的成果。有人说："这叫什么说法，就是要调和到彻底解决啊！"。我们要现实一点，没有彻底解决的事情，能够大部分调和成功就不错了，所以不要以为只调和了表面就是失败，其实也是一种成功。通过时间，他们会自己磨合到最佳状态。

● 拓展店长。调和的关键一定是以店长为主，化解矛盾就是转化店长的心态，因为领导者是要有胸怀的，没有胸怀，当不了领导。有句话叫作"你能包容多少人就能领导多少人"，所以这里的店长就是关键人，而不是说店员要听店长的话。店长没有威望，谁也拯救不了一个颓废的领导。

● 疏导店员。店员要理顺，要讲道理，要疏通，要给予尊重和理解，同时告诉他们，工作不是过家家，玩游戏，耍脾气，要认知到"合理的要求是锻炼，不合理的要求是磨炼"，出来工作就是磨炼来了，所以太多的个性是不对的，起码不能在工作时间要求个性。

● 团队合作。俗语有云："家和万事兴"，店铺也一样。大家一个团队，是一个大家庭，只有大家同心协力才能够有好的业绩。

店长张洋对富二代店员刘倩的行为十分不满，心想每天开辆宝马来上班"卖皮鞋"，有病吧，一身名牌，穿工服还嫌质量不好。店员刘倩觉得店长太拿鸡毛当令箭了，自己一个月赚的还不够买一个包，管那么多干吗？最后弄得店里分几派，乌烟瘴气。

案例中的问题主要是价值观的不同，从理论上讲，刘倩开什么车上班谁也管不着，可是影响到工作就不好了，个人行为还是要服从公司的规矩来的。所以调和的关键点有两个，一个是刘倩的职业化行为，另一个是店长的管理格局。

4. 如何接待厂家来人考察

品牌厂家来区域考察是常有的事情，不同的人来有不同的目的，不同的目的有不同的接待方法。有人认为接待厂家是好事情，有人认为是坏事情，我想这主要是看会不会接待的问题。

（1）双方立场。

考察目的：

• **考察市场**：这个目的是任何一个人来都会要看的。市场的概念太大，无所不包，不同的人来考察的市场侧面不同，但是同属于市场。而这里可以简单归类为各种数字、销售数据、货品数据、人员数据，这些数字如果都很好看，那么说明你的市场已经很牛了。

• **考察潜力**：这个潜力是综合的潜力，包括市场的潜力、市场份额的提升空间、销量的提升空间，还有是公司的发展潜力。是老气横秋、死气沉沉的一群人，还是朝气蓬勃拓展市场的一群人，还是灰心丧气对未来没有任何希望的一群人，这些都是考察人员可以直接看到的情况。

• **考察管理**：到终端上走一走，到公司转一转，将后台数据看一看，就完全可以锁定一家公司的管理水准，是夫妻老婆店的经营思维，还是公司化运作干事业的思维。从前台到货品再到经理等，一看便知。

● 考察终端：作为店面经营为主的公司，终端是不可不看的，到了终端，很多问题一目了然。终端是最藏不住东西的地方，经营、管理、销售、服务全都能看出来。

● 考察一切：这就要看你给他们看什么了，反正他们来一趟不容易，能多看就会多看的，所以，无论是你暴露的弱点还是显露的优点他们都会一窝端的。

接待目的：

● 彰显优势：应对品牌厂家的考察，我们要做的就是彰显优势，各个方面的优势。从总终端的陈列到人员的服务、后台的管理，都要展现最优秀的一面。

● 转换劣势：一个运营公司始终有不足之处，我们要转化，把劣势变为成长的点、努力的方向，这样才能完美，不是回避劣势。

● 争取资源：正因为有不足、有劣势才需要厂家的支持，借助厂家考察和对区域的了解，尽量争取些资源，为自己的发展铺平道路。借助品牌的力量发展自己的市场。

（2）**接待步骤。**

● 接待准备：在厂家人还没有到来之前就要准备好，跟终端和后勤的人员打好招呼，让大家拿出最好的状态，应对品牌总部领导的考察。

● 服务接待：根据情况，提前安排好厂商领导的住宿，而且询问其合适的住宿要求，因为来人不同，报销级别不同。假如只有 200 元的报销额度你订 300 元的，他自己不好意思说，还要自己掏腰包，肯定不好。所以要询问是公司附近干净整洁一点的酒店还是市中心出入方便、设施齐全一点的酒店合适，这样给领导选择的权力，又不失领导的面子。根据领导带的东西多少和时间而定是先去走市场，还是先到酒店休息一会儿，或是先吃饭……

● 探明来意：厂商人员来的意图是不一样的，真实的意图需要在过程中不断探寻才能得知。比如是针对区域市场的潜力来考察的，还是针对服务或是市场价格管控来考察的，这些都是需要关注的。根据厂商人员关注的点不同，安排的考察线路也不同。

● 巡店安排：巡店主要是巡大商场的优质店铺，无论有没有我们品牌的店铺，都是可以去巡查的。重点销量的店铺是一定会去的，其他销量差不多的店铺就看情况而定了。

● 虚心请教：无论什么人来，我们都要虚心请教，为什么呢？因为人都有虚荣心，你请教他，他不会为难你，反而会帮助你，何乐而不为呢？何况总不来的人，内心总有一种钦差大臣的感觉，你不让他好好发挥他的评判公断能力，破坏了他的心情，反而不好办事情。

● 争取资源：真正的博弈就是要争取点资源，自己在区域市场上打拼，为总公司赚取了很多品牌口碑，也投入了很多广告资源，难道厂家不给点支持吗？应该给支持的，但是要讲究方法。

单刀直入法："领导您看，我们这里市场潜力很大，竞争对手市场扩张很厉害，我们要想跟他们抗衡，占领这块市场，还是需要总部的大力支持啊。现在某商场的广告位我们正在谈，一定拿到最低的优惠，但是即便最低也需要厂家的支持，我们才能做下来，到时候还需要您多多关照啊！"

修桥铺路法：就是在领导来的时候设计好路线，在领导的必经之路进行广告位的铺设，提前打好，展现强大的品牌效应，然后再跟领导说："你看这些位置都花费不少啊，希望总部多给支持啊！"

会哭有奶法：人家说会哭的孩子有奶吃，不得不说这是一个真理。所以，怎么苦、怎么穷、怎么困难怎么来，让总部给予支持。当然这个前期是你要表现的很上进，就差总部这点资源了，不然没有人理你，你自己自生自灭吧！

● 礼尚往来：人情还是要有的，东西大小、多少是一份心意。当地的特产带一点回去，是很有面子的事情。当然要根据人物的大小、争取到资源的大小来定。

（3）接待要点。

● 欢迎要点：不要太卑躬屈膝，也不要毫不理会，一般的话术是"非常欢迎您来指导工作，看看我们这里有哪些需要改进的地方？我们要快速跟上总部的步伐啊！"

● 争取要点："如果总部能支持一些资源，我们有信心在今年拿下市场占有率第一名的桂冠，成为当地品牌影响力第一名""您看我们这里广宣工作投入就是冲着第一名干的，宣传投入非常大啊。总公司如果再能给我们加一把力，我们就是当之无愧的老大。"

● 服务要点：吃点当地特色小吃，品牌菜肴是必不可少的，选择当地的特色餐厅。之前询问一下领导，喜欢哪里菜品，有没有特别想吃的，或是忌口什么，细节体现我们无微不至的关怀。

● 礼品要点：中国古语拿人家的手短，吃人家的嘴短，好听点叫礼尚往来，不好听就是赤裸裸的贿赂。大可不必，不办事情也要有人情在，生意不是一天做成的，留个念想好相见。

九、督导如何树立威信

树立权威的第一步是赢得老板的信任，任何人要想发展自己都要赢得老板的信任，有了信任的势能，在向下树立权威就容易得多了。

1. 如何赢得老板的信任

（1）了解上级老板：只有真正了解与老板谈思想、谈工作问题时投其所好，才能得到老板的赏识。一位督导说："我必须要'关心'老板，如果我不'关心'他，可能会不知不觉中得罪他。"这样自己不是很冤枉吗？信任就无从谈起了。

（2）讲究策略：要想得到老板的同意和支持，在恰当的时候用选择合适的方式把事情提出来，抓住要领，简明扼要。老板讲话时，要集中精力聆听，并要尽可能与其保持眼神的联系。一位经销商老板就说："我决不喜欢那种一个问题需要我告诉他两遍的助手。"作为督导的我们要谨记啊！

（3）积极进取心态：和任何行业一样，成功的老板们大都是积极乐观的，他们也总是欣赏下属中持有同样态度的人。所以不要轻易在老板面前使用"困难""危险""失败"等词汇，即使你已经遇到了火烧眉毛的事情，也必须要自己处理。

（4）维护老板地位：在与老板相处中，应有较强的控制感情能力，不能把个人的喜怒哀乐等感情带到与老板的交往之中。在任何时候，都要注意维护老板的形象，但不能无原则地歌功颂德、阿谀奉承。有的老板发家可能靠的不是工作技术能力，而是依靠一定的资本，这时你不能自恃高明傲视他，小心他踢你出局。在工作当中，要想得到老板的青睐，应该是见困难就上，而不是见利益就上。对老板布置的任务，要热情而且有信心，身体力行地带领员工去实干。不能完成任务时，应尽快地向老板报告详细情况，切不可盲目答应自己办不到的事情。

但是，仍然有很多店长因为不善于与老板相处而使得自己的工作面临更多压力。

（5）相处的要点。

• 要注意领会老板的意图。

督导要努力领会老板的意图，站在老板的角度去考虑问题，客观地分析问题，再去决定下一步的具体行动。其实，身为老板，他有时会发布大家不喜欢听的工作命令，此时，如果督导始终对老板的立场和命令持反感态度，将无法正确贯彻老板的意图，完成老板交给的任务。

• 要积极提供意见与建议。

身为督导，应该尽可能地传达一些老板尚未掌握的业务及管理工作方面的信息，以便老板做出正确的决策。

• 要服从老板指示和命令。

为使工作有效地进行，提出自己的意见很重要。但是大家不能只按照自己的想法做事，否则工作效率反而会降低。因此，老板发出指令、命令时，一定要遵照执行。除非老板所指示的是自己能力所不及的，或者按照老板指示做了之后明显危害到终端利益的，否则绝对要服从老板的指示和命令。另外，无法服从时，一定要清楚地对老板说明理由。

2. 如何在终端树立权威

卫华督导去巡店，发现店面货架上有杂物，在与店员沟通时发生争执，一位店员当面顶撞道："我们天天忙销售，累得要死，哪有时间搞这些细节的东西……"

导购A："你一直坐办公室不了解我们导购的苦，还是高抬贵手！"

导购B：（导购气急了）"不就是罚款吗？罚吧……"

案例分析：

● 权威不足：督导只在导购面前有职务的角色，没有个人的权威，这样容易造成执行不力的情况。做什么事情都要有势能，从上而下的势能一旦打造好了，就能够工作起来游刃有余。督导的权威不足，就会处处不得力，工作起来很难受。

● 工作误解：督导的工作往往会给导购一种误解，督导是天天来罚款的，没事情就来找茬，有事情就在办公室躲起来不出面的人。毕竟也有这样的事情发生，比如闲来无事去店面转转，有顾客投诉处理不了，督导也嫌烦，就躲起来，让导购自己去解决。当然这是极其个别的人，多数的督导都是巡店指导解决问题，忙得不亦乐乎。

方法策略：

● 充分沟通：要想自己做得游刃有余、左右逢源，就要充分沟通协调各方面关系。

上层沟通制度：问题的产生或许是因为上层的制度不完善，对督导定位权力等不明确，所以我们可以从上层的制度层面争取一些权力。

中层沟通事件：对于平级来说，比如品牌经理等，可以与他们进行事件沟通，借助事件的解决建立自己的权威，并在体制内进行宣传推广，让更多的人信服。

下层沟通影响：对于下层员工来说，跟他们讲道理是讲不通的，只能靠自己的影响力、个人的魅力、个人的知识能力去征服他们。

● 公平公开：要得到大家的拥戴，做事情就要有原则，公平公开地处理问题。

制度要求：无论处理任何事情，把制度放在前面，是制度在要求你，不是我在要求你，这一点必须搞清楚。不然自己会成为众矢之的，更不要说树立权威了。

证据确凿：指出别人的错误时要有确切的证据，用事实说话，客观判断，尽量降低自己的人物因素，这样会减少很多模棱两可的地带，让事情更加清晰明了。

奖罚分明：做到不偏不倚的奖罚很难，但是我们要争取达到这种境界，不断修炼自己，相信自己一定能做到。

● 平易近人：从态度上平易近人，让人感觉你很亲切，这是很重要的，同时要树立真干、苦干、实干的形象，才能够让人信服。

发现问题：发现问题的水平高，能够发现问题背后的问题，让人信服你的分析能力。

反馈问题：反馈问题公正无私，让人感觉你是可以信赖的，让人佩服你的人格魅力。

解决问题：能够有效帮助基层解决问题，才能得到基层的认可。让人拥戴你的裁决。

在职场工作中，每个人都需要树立自己的威信，这样才能够使工作进一步提高，使自己的整体工作表现更加优秀。有了威信，领导会对你另眼相看，这样升职就是一个很快的事情了。

而在现实生活中还存在着一些假威信，很多错误的建立威信的观点：

● 善良威信。有些人错误地认为，只要善良地对待下属就能取得他们的信任。这些领导者对下属从不求全责备，要求不高。领导者对下属提不出更高的要求，就不能使下属在战胜困难的过程中锻炼意志，增长阅历。善良的关心只能削弱员工的意志，最终员工会因领导者的"善良"不能成才而更加抱怨、责怪领导者。

● 收买威信。有些领导的待人处事原则是"你如果办成了这件事，我就答应你那一件事。"当一个下属完成一项工作时，便随便决定给予其物质奖励或精神奖励。其实，这种"我说了算"的奖励方式，造成了员工的不良行为倾向，让他们把工作上的相互关系，看成是一种个人忠诚于某位领导者的行为。这种建筑在个人意志上的威信，只是一种虚假的威信。

● 夸夸其谈的威信。某些领导者喜欢进行言之无物的说教，下属很讨厌这种领导者没完没了的训斥，枯燥而无内容的说教。有些人错误地认为，这样可以扩大对群众的影响，在群众中取得威信。事实上，当某些领导者在进行说教时，员工往往表现为默不作声，尔后又依然我行我素。要知道，威信的建立并不是靠夸夸其谈地说教，而是靠踏踏实实地工作。夸夸其谈所得到的只能是假威信。

● 压服威信。有些领导者惯于用权力压服下属而取得威信，这必然会引起下属的强烈不满。威信的特点是"丧失容易保持难"，这种脆弱性、敏感性，要求我们时刻注意自己的每一句话、每一个行动。权力的获得并不意味着威信的建立，要做到有权有威信，反对有权无威信。

每个企业的员工都会在暗中观察领导，或旁敲侧击，或正面接触来判断上级的能力。更有人会在公开场合拿自己最精通的事问领导，以为难领导。

总之，督导工作是一项复杂的工作，很多东西没有明确的规定，所以都要通过充分沟通赢得各个方面的信任和支持，然后订立制度。通过制度的要求来公平、公开、公正地处理问题，最后我们发现他人的问题，并热心帮助他人解决。

十、督导如何做汇报

1. 如何做意见反馈

梁婷走访西北市场的各个店面后提出了自己的终端整改意见，在调查报告反馈时，遭到西北区域经理的强烈抗议，认为调查结果不实。奇怪的是华南和华东区域经理也跟着附和，搞得华婷一阵头疼……本指望老板能够支持一下，谁知道老板却说："梁婷啊，是不是有什么误会啊？"惊得梁婷目瞪口呆，怎么会是误会呢？说的是事实啊！面对这样的局面梁婷也不知道哪里出了问题。

案例分析：

原因一，梁婷没有运用合适的方法来呈现事实，只是自己脑海里面有影像是不能让在场人信服的，必须要让所有人都有影像才能信服，比如图片、录象、视频等材料，就没有人会有异议了。

原因二，梁婷的行为犯了众怒，就是大家都有错的时候，谁都不愿意去提，因为提了之后大家都倒霉，而梁婷却偏偏捅破了这层窗户纸，当然要受到大家的反抗。

向公司做意见反馈的要点：

（1）呈现事实：在反馈意见时要呈现事实，这个事实不是自己说出来的，而是与会现场人员看出来的。比如终端店面形象或是结构有问题，你就要有强有力的证据，比如图片。当初我在为苏宁电器做咨询时，对他们说在三四级市场，苏宁的品牌形象是无法展现的，当然我要配上相应的图片（如图1-8所示）。

 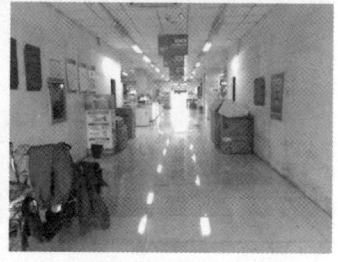

图1-8 苏宁的品牌形象

（2）捉住痛点：公司人看的是痛点，痛点越痛就越有价值。我们找痛点时要有双善于发现痛点的眼睛，看到公司其他人看不到的问题，发现不了的地方，这样才能让人信服，其实就是通过现象看本质。比如终端店面形象差的问题，不仅仅是一个形象的问题，终端体现了所有的内容，如品牌、产品、陈列、服务、物流等。只要在终端没有体现，后台做得再好，我们都当它不存在，所以说什么你们部门做得很优秀，很努力都没有用，要看在终端店面上能不能看出来，有没有体现，没有体现你就什么都别说，继续努力改进。

（3）战略方向：当然反馈意见不是什么都抓。到处是痛点，到处是毛病，那还怎么开展工作呢？作为督导，反馈问题要结合当年公司的战略方向，与战略方向匹配的多反馈，与战略方向不匹配的就少反馈。毕竟公司的资源有限，解决问题的精力也有限，有些不重要的东西，提了也白提，只能自己找麻烦，所以战略方向要把握好。

（4）避免众怒：我们反馈的时候，不能犯众怒。在你反馈的问题中不能一棍子打死所有人，应该找几个做的好的，与他们形成统一战线，让他们为你说好话，让大家认为你说的对，是他们自己没有做好，而有的人是做的很好的。这样避免自己成为众矢之的，工作才好开展。

那么在终端上有哪些方面的问题值得我们去跟踪与反馈呢？下面提供一个参考表格（如表1-21所示），希望对大家反馈问题有借鉴作用。

表1-21　终端要跟踪与反馈的问题

序号	品牌方面	产品方面	价格方面	服务方面	销售方面	跟踪方面
1	卖场美化	产品组合	竞品价格搜集	清洁	限时优惠	电话登记
2	人员着装	产品陈列	定价技巧	音乐	递减优惠	电话跟踪
3	人员礼仪	情景间	标价牌制作技巧	味道	抢购氛围	邀约方面
4	办公用品	实景照片集锦	价格谈判技巧	温度	价格承诺	团购方面
5	经销授权证书	产品测评资料	赠品体系	服务表情	购物榜样	……

序号	品牌方面	产品方面	价格方面	服务方面	销售方面	跟踪方面
6	品牌墙	标准输出	价格承诺	服务心态	敢于催单	
7	品牌手册	按需专业推荐	付款方式	称呼	尝试填单	
8	品牌视频资料	产品讲解	预付款制度	赞美	博取同情	
9	品牌荣誉证书	产品演示	抵用	互动	……	
10	品牌荣誉奖杯	邀请互动	内部价	请求帮助		
11	品牌照片集锦	竞品对比	会员卡	店内服务项目		
12	品牌口碑集锦	网络产品展示	……	售后服务项目		
13	品牌网站展示	……		……		
14	……					

2. 如何做工作汇报

先说说汇报工作"五忌":

一忌事无巨细,要体现突出重点的原则。工作方方面面、大小事情很多,无需事无巨细地对所有工作进行总结,胡子眉毛一把抓。重点应该是本单位、本部门承担的任务指标完成情况、队伍建设情况,以及为完成指标克服困难所采取的措施等。用事实和数字说话,做到有理有据。

二忌成绩注水,要体现实事求是的原则。总结成绩必须是事实成果的汇总归类和条理化,既不能人为拔高,注水膨胀,更不能把别人的成果拿来共享,或是把当初的计划作为成绩来炫耀。

三忌简单罗列，要体现依事说理的原则。工作总结不仅仅是工作量的罗列汇总，而是要通过总结上升到理性的高度来认识所做的工作。要通过对工作的总结得出一般性规律，形成有益的经验，达成一致的认识，使其对今后工作具有指导作用，对他人具有借鉴意义。没有经验体会的总结是不全面的，不完整的，也是毫无意义的。

四忌回避问题，要体现一分为二的原则。总结的目的全在于应用、发展和提高。"成绩不讲跑不掉，问题不讲不得了"。在总结成绩的同时，要客观地查找工作中存在的不足和问题，正视缺点，以警示今后的工作，少走弯路，避免在将来的工作中犯同样的错误，切忌"一路颂歌，满地鲜花"。

五忌单一行为，要体现全员参与的原则。有总结才会有提高，才会有进步。工作总结不能靠办公室一个部门来做，也不能由秘书一个人来完成，而应该由各系统、各部门、各岗位共同参与来做。只有大家都来总结，才能做到人人长经验，个个有提高，才能促进整体工作的协调健康发展。

（1）月度工作汇报总结。

督导李娜在月度总结时，罗列了发现的很多问题，还有自己处罚的员工行为、出差的行程、与谁见面、安排了什么工作、反馈了什么信息等，结果领导不但不买账，还一顿批评。李娜不知道原因何在。

案例分析：

原因一：领导是不关心你辛不辛苦的。你的辛苦跟他无关，搞不好只能显示你的无能。所以，辛苦的经历和过程，在汇报总结中最好一字不提。

　　原因二：没有解决问题的部分，发现问题只是头一步，换句话说："是人都能发现问题，关键看谁有解决的思路。"这个部分的缺失，让领导感觉到你不够负责，有把问题推给他人的嫌疑。

　　月底工作汇报要点：

　　● 本月主要工作成绩和特色：这些要用数字的形式展现，如销售业绩、人员培训数量、开店指导情况等。

　　● 采取的主要措施和体会：对于遇到的问题，自己采取了哪些方法，操作后效果如何，是否具有推广复制效用，对公司的发展有哪些帮助等。

　　● 存在的问题和不足：尽管你做了最大的努力，但是还是有些问题无法处理，希望得到公司领导的帮助和支持，看看大家有没有更好的方法。

　　● 下个月工作的衔接问题：把下个月要做的事情阐述清楚，日常工作、重点难点工作。

　　● 其他需要说明的问题：需要其他部门配合的问题等。

　　（2）季度工作汇报总结。

　　华蕾在季度工作总结时，说到各个店铺的导购经常自己乱报终端价格，但是因为顾客对产品其他配件价格的不了解，从别的地方把利润补回来，最终符合公司的整体利益，符合公司的价格规定，但是对连锁品牌效应有很大影响。结果领导大发雷霆："年初就提这个问题，现在都一个季度了，这类事情还没有改观，你们督导部是怎么做事情的！"

季度汇报要注意什么呢？领导为什么会生气呢？

案例解析：

原因一：执行不到位，这种事情是执行不到位产生的，应该阐明在过程中的哪个执行环节出了问题，导致问题迟迟没有处理，而不是说问题本身，这样就会让领导感觉这一个季度都没有做事情。

原因二：季度工作关注的是目标的执行，是否紧盯年度目标。如果有所偏颇应该及时调整资源，集中优势，追赶进度。

季度工作汇报要点：

• 开头：短平快直切问题要害。着重点明战略目标完成情况，以及到现在为止存在的问题和不足之处，接下来再写其他内容。

• 内容：执行过程的节点目标。对执行过程的节点目标完成情况进行详细阐述，执行过程中存在的偏差和问题，可能改善的点等。

• 学习：如何学习改进问题。强调自己的快速学习能力，应对市场情况做出的改变和努力，让领导知道你在不断进步。

• 改进：分析问题制订改进措施。根据自己的学习和成长，制订相对明确的执行改进步骤，让领导指导你该怎样做，来解决现有及未来的问题。

• 提升：下一步推进的目标计划。运用甘特图把你的推进步骤和计划整理出来，让领导监督你的进度。

• 信心：表达对目标完成的强烈愿望。最后就是表决心，表明自己有能力有信心完成接下来的任务，请领导看我的行动吧！

注：由于季度报告一般用两种形式呈现，一种是 WORD 版的正式报告，另一种是相对简易版的 PPT 报告，无论哪种，都可以采用此框架。

（3）年度工作汇报总结。

王婷写了半个月的年度工作总结 PPT，为了会上不出丑，先给领导看看，把把关，谁知被领导痛批。那么，年度工作汇报要注意些什么？应该如何把握呢？

年度工作总结的四大关键：

● 标题绪言：绪言是年度总结的开场白，说明所分管的工作、岗位职责和工作目标。

● 主要业绩：这是年度总结的重要部分，就是写你做了哪些工作，是怎样去做的；取得了哪些成绩，其效益如何；从质和量两方面进行自我评价。

● 问题和改进措施：在这部分主要讲述在履行职责中的问题和责任，以及今后改进的具体方法。

● 工作目标与展望：说明下一年工作的计划目标和未来展望。

年度工作汇报中成果展示（如表 1-22 所示）：

表 1-22　年度工作汇报中成果展示

指标	说明
店铺销售	各个店铺的销售完成情况、完成比率、去年同期比、今年的增长率等
服务满意度	客户满意度如何通过各个季度的采集汇总可以得出
投诉率	投诉率是否有下降，顾客投诉的主要原因有哪些
员工培训	员工培训人数有多少，培训课时达到多少，员工素质是否提高

续表

指标	说明
店铺形象	店铺形象维护情况如何，每月评分能达到多少分
VIP 会员	店铺的 VIP 会员数量增加多少，是否超额完成既定目标
其他指标	根据各个公司的情况不同的特定指标

无论目标是否达成，都要分析原因，所有的原因汇总起来不会超过两种，一种是客观原因，一种是主观原因（如表 1 – 23 所示）。

表 1 – 23　年度目标达成情况原因分析

客观原因分析	主观原因分析
行业宏观环境的势利性 竞争对手失误所造成的机会 公司所给予的资源支持程度 团队领导在具体方面的指导 同事的帮助 ……	自己对年度目标的认识和分解 自己对市场的前瞻性认识 自己对困难的挑战意识 自己自我学习素质提升 解决问题能力提升 自己对市场变化的反应能力 ……

注：年度大会除了核心人员外，形式大过于内容，冠冕堂皇的话尽量多说，因为今年的成败已经成为定局，再说无益，关键是要满怀信心地奔向下一年的目标

表 1 – 24　月、季、年工作汇报区别

周期	区别要点
月度	短平快，不要过长，结果为核心
季度	阶段性，问题分析，目标推进和方向调整
年度	系统性，总结成绩，全面分析，战略分析，未来展望

最后，无论什么样的总结汇报，都离不开明确的工作思路、分解具体目标、改变策略方法、不断提高完善的步骤，希望各位读者谨记并灵活运用。

下篇

督导能力提升

一、督导店面运营标准化能力训练

1. 如何实现店面运营标准化

店面运营标准化有利于整个运营模式的传播复制，为更多加盟商的加入提供良好的规范。但这是一个系统的工程，在这个模块我们把核心的要点提炼出来与大家分享。

从实践来看，督导的全部工作都是在建立标准化和维护标准化的过程中，这里可把店铺的标准化分为三个步骤（如图 2-1、表 2-1 所示）：

（1）制度标准化。没有规范的制度，这件事的标准就无从下手，又无从衡量，也就做不好事情。可以说导致各个店店面运营管理水平不一样的原因就在于此，因为制度标准化是店面运营管理标准化的核心内容。

（2）流程标准化。有了制度还不够，大家只是知道标准，做事情的步骤还没有确立。如果我们去旅行，不知道去哪里是制度问题，但是怎么去就是流程问题了。我们要坐飞机还是要坐火车，是从上海出发一站不停，还是要到郑州倒车，这就是流程要解决的问题。

（3）工具标准化。这个大部分是指企业内部的软件和表格了，如我们上车要有车票，上飞机要有飞机票，没有通过的票务和证件的流转，只靠口头是做不了的。因此需要有完善的工具系统。

图 2 - 1　店铺标准化的三个步骤

表 2 - 1　店铺标准化的三个步骤的内容

制度标准化	流程标准化	工具标准化
选人用人标准化 会议管理标准化 产品出样标准化 装修形象标准化 ……	开店闭店流程标准化 产品上样撤样流程标准化 销售服务流程标准化 ……	店员考勤表 店员请假表 产品销量统计表 顾客投诉处理表 ……
备注：行业不同，公司发展阶段不同，内容有区别，但这些都需要督导朋友根据本书的内容学习，进行全面的填充和完善		

考勤制度：

（1）所有店面员工应按公司规定按时上下班，不得无故迟到、早退、旷工。

（2）所有人员休假或因故不能上班者，须提前填写《请假单》（见表 2 - 2、表 2 - 3）办理休假或请假手续。

（3）店长请假 3 天以上应提前两天经总经理批准。

（4）导购员请假 2 天以内应提前两天经店长批准。

（5）导购员请假超过 3 天以上者应经店长批准后再由总经理批准。

（6）因突发事件无法提前申请的，应在当天上班后 1 小时内以电话方式向店长申请，并在上班的第一天补办《请假单》。

表2-2　　《员工去向登记表》

序号	姓名	外出时间	返回时间	对方电话	批准人	备注
1						
2						
3						
4						
5						
抽查情况反馈：						

表2-3　　《店面员工请假条》

姓名		职务		填表日期	
休假类型：	□事假　　□病假　　□年假　　□调休　　□其他				
请假时间	从___月___日	上午___时___分	___至___月___日	上午___时___分	
		下午___时___分		下午___时___分	
	共计___天___小时___分				
请假原因：					
工作交接计划：					

延伸扩展：员工行为标准化

店面运用标准化中的重要环节是员工行为标准化，这个方面的标准化与运营标准化有些不同，主要分为以下三个步骤来操作（如表2-4所示）：

（1）制度规范。只要是标准化，第一步是定制度，用制度来要求大家，规范大家的行为。

（2）检查规范。对于人员行为来说，第二步的关键点就是检查规范，看看大家做的到底怎么样，是不是符合规范的要求。如果符合就要奖励，如果不符合就应该给予相应的处罚。

（3）辅导规范。那么到底什么原因让他们出现不符合规范的行为呢？应该是对制度的理解不深刻，所以应该进行相关的辅导和培训。

表 2－4　员工行为标准化的三个步骤

制度规范	检查规范	辅导规范
制度制定 制度下发 制度培训 制度解析	定期检查 暗访检查 技能考察	老员工辅导 店长辅导 督导辅导 重新培训
备注：具体的解释，本书其他模块有详细介绍，此模块不再赘述		

2. 如何做好店面陈列指导

（1）技巧指导。

● 色彩搭配技巧

色彩应用：不同的色彩产生不同的感觉，不同的色系组合给人感觉完全不同。比如夏天人喜欢凉爽的蓝色，而冬天却喜欢火热的红色。以服装为例，如果夏天陈列很多的红色服装，销售效果肯定不好，而冬天陈列冷色系，也不会有好的效果。

色彩渐变：通过不同色彩之间的渐变，或是同色系的渐变，构建出绚丽的效果。

琴键陈列：通过色彩交替，制造琴键式的效果，从而产生美感。

图 2－2 为部分服装店的色彩搭配展示。

渐入佳境　　　　　　　　清凉一夏　　　　　　　　热情似火

图 2 - 2　部分服装店的色彩搭配展示

附：表 2 - 5 为色彩基础知识列表

表 2 - 5　色彩基础知识列表

色相	具体象征	抽象象征
红	火焰、血液、夕阳、心脏、危险信号	渴望、热情、勇敢、冲劲、积极
橙	橘子、晚霞、柳橙、秋叶	激情、希望、物质需求、明朗、温情
黄	香蕉、黄金、黄菊、注意信号	理智方法、平衡 、机敏、活跃
绿	树叶、草木、公园、安全信号	和谐、平静、舒适、希望、成长、安全
蓝	海洋、蓝天、远山、湖海	思考、精神、凉爽、理性、自由
紫	葡萄、茄子、紫罗兰、紫菜	高贵、优雅、神秘、妒忌、反思
白	白云、白纸、白雪	单纯、简单、真诚、虚无
黑	夜晚、墨、木炭、头发	死亡、邪恶、恐怖、严肃、孤独

备注：关于色彩的应用是一个相当大的课题，大家要在实践中多多摸索。基础的原则就这些，希望大家在运用中不断提高、不断成长。

● 主题陈列技巧。主题陈列是根据不同的主题来布置场景，起到很好的宣传作用，在烘托节日气氛的同时让顾客产生一种冲动式的消费，比如：图 2 - 3 的圣诞节和母亲节的主题陈列，让人感觉不消费一下都对不起自己，这就是一种成功的陈列方式。

圣诞节主题陈列 母亲节主题陈列

图2-3 圣诞节和母亲节的主题陈列

● 动静结合技巧。陈列中有动静之分,正向摆放没有什么造型的为静点,抬高或压低,倒向一边的为动点,这样高低错落的感觉,我们称之为动静结合。只有这样才能吸引顾客的眼球,让顾客视觉上有跳跃感、灵动感,从而产生一种愉悦的感觉,让顾客购物更加愉快。而其中比较方便的方法就是"三角形"陈列,我们让物品三个在一起,或是冲高点到低点形成一个竖直直角三角形,或是高点不是很高,我们让低点更低一点,变成一个躺着的直角三角形(如图2-4、图2-5所示)。

松散式
陈列

三角形
陈列

图2-4 "三角形"陈列

图 2-5　"三角形"陈列

让两只小毛驴和手机形成一个三角形，而店长推荐和手机与右边的小毛驴也形成一个三角形，很灵动。交叉色彩：中间的手机屏幕的绿色与店长推荐的绿色相呼应，而红色的小毛驴和小朋友红色的心相呼应，两个呼应交叉错落，形成一种完美的视觉美感。

● 美观无杂。不要过多的装饰，装饰过度也是一种陈列的弊端。你去看看大品牌连吊牌都没有，就是衣服，就别说海报什么的。有时候店员感觉物料用不完可惜了，于是到处张贴，反而是对美感的破坏。比如：图 2-6 促销贴实在是多余，不会更加好看。

图 2-6　过度装饰促销贴

(2) 思维指导。

● 顾客思维。顾客思维是一种换位思考，从顾客的角度出发去思考和布置我们的店面陈列。

比如一个小小的海报，如图2-7收银台的海报。这有两点可以思考：第一，收银台应不应该张贴海报？从我们的角度讲有必要。从顾客的角度讲，意义不大，因为他都来结账了，谁还看你的海报啊！第二，张贴的是否正确。明显有一个边没有张贴到，这就是一个细节，细节刚好体现顾客思维。图中的一定是站在我们的角度张贴的，从收银台里侧往外贴，贴好结束，剩下的部分没办法就留着了。如果是顾客的角度，应该从外往里贴，贴到收银台的位置结束，因为外面的地方是给顾客看的，而里面的地方是给自己人看的，顾客看不见，贴多一张或是少一张都不影响顾客的观感。

图2-7　收银台的广告

● 感觉思维：这个思维，就是一种感觉，人与人之间都差不多，不懂艺术的人也能听出歌曲的好坏，感受出画面的美好，所以感觉也很重要。如果你想运用感觉，最好的方法是平心静气，在非常愉快的情绪下感知一下店面，感知一下每个细节，这样调整出来的店面一定大不相同。

● 方便思维：方便思维就是方便顾客的陈列，无论是走路、取用等，一旦给顾客提供了方便，你就有很好的销量。比如超市货架的高度很高，顾客最方便能够看到和取用的范围是 80～120cm，超出这个范围就不方便了。再就是店内的动线设计，要方便顾客行走，让顾客很容易进来，很难走出去，这才是店铺动线设计的最高境界。

● 生活思维：陈列要有生活思维。将自己的产品尽量生活化，比如图 2-6 中的冰箱，第一张只有几张水果图片来展现生活化，力度较弱，但总比没有好。第二张用了纸盒子，感觉更加真实，这就是真的比假的好。第三张用了过期的食品陈列，这样就更加的生活化，真实感带给人们强烈的视觉冲击，印象深刻。

有比没有好　　　　　　真的比假的好　　　　　　多样生活才精彩

图 2-6　冰箱内部陈列

（3）艺术指导。

● 艺术杂志：为店长导购寻找时尚的杂志，放在店面里，或是给他们讲解。

● 艺术节目：推荐一些时尚的艺术节目，鼓励他们去学习，去分享。

● 文化熏陶：多学习本行业有关的历史文化知识，耳濡目染。

● 委任专员：委派专人负责这方面的事情，让他帮助传播。

关于陈列方面的技巧很多，核心原则也就这几种，色彩、动静、方便顾客原则等，而当我们指导时，除了技巧的辅导，更重要的指导思维。有了这种思维方式和对美感认知的种子，店铺才能把陈列做好。因为每个店铺受空间、环境、产品库存、促销活动的影响，陈列是经常变化的，一成不变的思维是不能做好工作的。

艺术做到最高境界，都是要特质的。所以，要选取好人员，让核心的人自我发展，你只需要提供"土壤"就好了。只要有一双善于发现的眼睛，陈列工作一定会越做越好。

3. 如何让店铺执行 5S 管理标准

（1）定义解析。

5S 管理就是整理（SEIRI）、整顿（SEITON）、清扫（SEISO）、清洁（SETKETSU）、素养（SHITSUKE）五个项目，因日语的罗马拼音均以"S"开头因而简称 5S 管理。

5S 管理起源于日本，通过规范现场、实物，营造一目了然的工作环境，培养员工良好的工作习惯，其最终目的是提升人的品质，养成良好的工作习惯。

（2）店面乱象。

● 地板粘着垃圾、油渍或纸屑等，日久天长就形成污黑的一层；

仓库内商品与箱子乱摆放,东西用完随处丢掷。

● 花很多钱重新装修的店铺和陈列道具未加维护,经过数月之后,也变成了破损并无法维护的家具。

● 要使用的工夹、计算器也不知道放在何处等等,显现了脏污与零乱的景象。

● 员工在工作中松松垮垮,规定的事项只有起初两三天遵守而已。

(3) **实施 5S 管理要点。**

● 整理。

解析:将店面任何东西要区分为有必要的与不必要的,把必要的东西与不必要的东西明确地、严格地区分开来,不必要的东西要尽快处理掉。

目的:腾出空间,空间活用,塑造清爽的店面空间。客户退回来的一些残余物料、返修品、报废品等滞留在现场,既占了地方又阻碍店面运营管理,包括一些已无法使用的工夹、计算器、设备等,如果不及时清除,会使现场变得凌乱。

注意:要有决心,不必要的物品应断然地加以处置。

要领:全面检查自己的工作场所,包括看得到和看不到的,制定"要"和"不要"的判别基准,将不要的物品清除出工作场所,对需要的物品调查使用频度,决定日常用量及摆放位置,制订废弃物处理方法,每日开店前和当日结束营业要做自我检查。

● 整顿。

解析:对整理之后留在现场的必要物品分门别类放置,排列整齐,明确数量,有效标识。

目的:工作场所一目了然,整整齐齐的工作环境,消除找寻物品的时间，消除过多的积压物品。

注意：这是提高效率的基础。

要领：前一步骤整理的工作要落实，需要的物品明确放置场所，摆放整齐、有条不紊。

整顿的"三要素"——场所、方法、标识。

第一，放置场所——物品的放置场所原则上要100%设定。

第二，放置方法——易取，不超出所规定的范围，在放置方法上多下功夫。

第三，标识方法——放置场所和物品原则上一对一表示。

● 清扫。

解析：将工作场所清扫干净，保持工作场所干净、亮丽。

目的：消除脏污，保持职场内干净、明亮

注意：责任化、制度化。

要领：建立清扫责任区（每日定时外场和内场清扫）例行扫除，开始一次全店铺的大清扫，每个地方清洗干净。清扫就是使客户进入门店没有垃圾，没有污脏的现象，虽然已经整理、整顿过，要的东西马上就能取得，但是被取出的东西要达到能被正常使用的状态才行。达到这种标准是清扫的第一目的，尤其目前强调高品质、高附加价值产品的门店，更不容许有垃圾或灰尘的污染，造成不良的工作环境。

● 清洁。

将上面的3S实施的做法制度化、规范化。

目的：维持上面3S的成果。

注意：制度化，定期检查。

要领：落实前 3S 工作，制订目视管理的基准，制订 5S 实施办法，制订考评、稽核方法，制订奖惩制度，加强执行。高层主管经常巡查，带动全员重视 5S 活动。

● 素养。

通过晨会等方式，提高员工文明礼貌水准，增强团队意识，养成按规定行事的良好工作习惯。

目的：提升人的品质，使员工对任何工作都讲究认真。

注意：长期坚持，才能养成良好的习惯。

要领：

第一，制订员工行为及规范穿着等识别标准。

第二，制订公司有关规则、规定。

第三，制订礼仪守则。

第四，教育训练（店长对新进人员强化 5S 教育、实践）。

第五，推动各种精神提升活动（晨会，例行打招呼、礼貌运动等）。

第六，推动各种激励活动，遵守规章制度。

5S 活动一旦开始，就要一以贯之抓好落实。如果不能贯彻到底，又会形成另外一个污点环节，而这个污点环节会造成门店保守而僵化的气氛，让人觉得公司做什么事都是半途而废，应付应付算了。要打破这种保守、僵化的现象，只能花费更长的时间来改正。

通过整理把没有用的东西去掉，通过整顿把有用的东西放在合适的位置，通过清扫让有用的东西保持干净，通过清洁，固化所做到的成果，通过素养，形成习惯，习惯成自然之后，5S 管理就完全实现了。

表2-6为5S管理检查表。

表2-6　终端店面5S管理检查表（执行版）

店铺名称：　　　　　　检查人员：（　　　）　　　　　　检查日期：

项目	分数	项目	分数
（一）导购形象		4. 样品：商品没有破损、残缺、污渍等现象。（3分）	
1. 不能穿花色服饰，必须穿深色工作服、工鞋，并佩戴工牌。（3分）		5. 样板间：无堆砖、无杂物、各种工具等。（5分）	
2. 不能长披肩，必须盘起头发。（2分）		6. 吊旗：张贴整齐，间距适中，无破损。（5分）	
3. 不能佩戴超过三件的首饰。（3分）		7. 标签：张贴整齐，同一砖上不超过三个标签。价格标签、促销标签、说明标签，都有统一固定的位置。（5分）	
4. 不能有大红、大紫的指甲颜色出现。（2分）		8. 展架：展架上面必须有宣传单页、杂志等宣传物料，不允许空缺，并且摆放整齐。（3分）	
5. 不能涂抹十分艳丽的口红，要淡妆上岗。（2分）		9. 礼品：礼品堆放醒目，造型新颖，有美感。（3分）	
（二）环境卫生		10. 饮水机：水槽水不超过三分之一，无污渍，不摆放其他物品在饮水机上。（3分）	
1. 店顶：天花板、墙角、灯具目视无灰尘、无蜘蛛网。（2分）		11. 垃圾桶：不允许超过三分之二，并且放在顾客看不见的位置，允许放样板间和过道。（3分）	
2. 地面：保持清洁光亮，人在直立视线内无灰尘、无纸屑、无烟头、无脚印、无水渍等污染物。（4分）		12. 绿植：绿植上面无灰尘，翠绿，有生机，没有烟头、纸屑等杂物。（3分）	
3. 瓷砖：无破损、无污染、无划痕。（5分）		13. 饰品：饰品摆放有艺术感，运用三角形陈列原则，所有Logo向外露出，活动单页、物品叠放整齐。（3分）	

项目	分数	项目	分数
14. 软装：灯具、龙头、花洒、台盆等软装无破损情况。（2分）		**（三）过程服务**	
15. 前台：收银台桌面整洁干净，不堆杂物，电脑，POS设备，单据，展业文件夹有相应位置。（5分）		1. 进门必须说迎宾语。（3分）	
16. 冰箱物品摆放整齐，干净，严禁个人物品，员工带饭，放在最下层看不见的位置。（3分）		2. 送宾标准的送别语，欢迎下次光临。（3分）	
17. 荣誉墙：照片是最新的照片，并且大小尺寸合适，美观，大方。（2分）		3. 服务过程中，是否全程"微笑服务"（3分） 4. 不允许出现4个及以上导购围攻顾客想象。（3分）	
18. 果盘：果盘丰满，果皮及时清理（3分）		**（四）文件管理**	
19. 音乐：开店就要播放音乐，音量适中，舒心，给人愉悦的感觉。（3分）		1. 店铺历史资料整理、归档清楚，店铺各种报表清晰、明了（3分）	
20. 灯光：店内的灯光明亮，无论是否有人均开启，在人流量特别少的时候，可以关闭部分灯光。（2分）		2. 日常购销、往来单据齐全、清晰（3分）	
21. 购物清单及笔：在卡片箱里放置好铅笔和卡片，供客户随时取用。（3分）		3. 公司发文通知、传真资料保管清楚（3分）	

综合评价：
1. 优秀；100分（奖励300元）
2. 合格（85分以上）
3. 警示81~85分（连续三个月罚款500元）
4. 不合格80分以下（含80分）单次处罚200元

续表

其他评价：					
店面经理签字确认		督导负责人		检查人签字	

二、督导筹备开业能力训练

终端店面开业的成功与否，会直接影响该品牌在当地市场的整体经营状况，而门店开业作为市场经营的第一场战役，必须取得开门红。店面开业是一系列环节的完美组合，无论是前期的店面选址、装修、人员的选派、样品的陈列，还是当天开业现场、媒体宣传、现场接待等必须是环环相扣，不能出现任何纰漏。

本节内容是基于以上因素考虑，通过深入市场做了充分的信息采集，并结合目前品牌公司实际开店运作的基础模式而成，能够帮助终端门店管理者提高门店开业的成功率，是实现店面成功开业的务实性操作。

各终端门店管理者在具体的门店开业中，应结合当地市场的具体情况活学活用本节内容。

（一）前期筹备

1. 市场调查

（1）外部调查，主要考虑市场外部状况和周边小区状况等（如表 2 - 7 所示）。

表 2 - 7 外部调查的内容

	调研内容	备注
市场状况	市场周边的消费人群	
	进驻市场的基础设施	
	市场运作能力	
	在当地的影响力	
	……	
小区状况	小区交付状况	
	业主信息收集	
	竞品在小区的状况	
	小区内装修公司状况	
	小区施工状况	
	小区内广告资源	
	……	

（2）内部调查，主要考虑市场内状况、竞品状况和店面状况等
（如表 2 - 8 所示）。

表 2 - 8 内部调查的内容

	调研内容	备注
市场状况	市场装修状况	
	市场开业时间	
	装修注意事项	
	竞品装修状况	
	市场广告资源	
	市场活动场地	
	……	

调研内容		备注
竞品状况	市场内竞品品牌	
	竞品经营面积	
	竞品产品及价格状况	
	竞品人员状况	
	竞品在市场的活动能力	
	竞品上样状况	
	……	
店面状况	店面位置	
	品牌分布	
	营业面积	
	区域分布	
	基础设施	
	宽带情况	
	……	

2. 开业时间和方案确定

（1）时间确定：根据目前工作进度和所处的时间区域环境确定。

（2）方案确定：包括活动主题、利益组合点、主画面等。

3. 分工确定、制定工作推进表、召开动员会

将所有工作按项目、组别合理分工，定职定责，所有事项列入工作推进表中，明确各事项完成时间，确定各事项完成情况的监督人。

（1）人员分工及工作推进（如表2-9、表2-10所示）。

表2-9 项目领导组分工表

领导组	负责人	电话	备注
总指挥			开业全程总负责人

续表

领导组	负责人	电话	备注
策划			开业全程的策划、安排
监督			开业全程各个环节的监督及进度

表 2－10　项目执行组分工及推进表

分组		负责人	电话	备注	完成时间
联盟品牌组				负责品牌相关联盟品牌对接及前期沟通	
物料设计组				负责活动所有制作设计物	
媒体推广组				负责活动媒体新闻广告	
小区广告组				负责活动小区推广活动及投放	
客户邀约组	后台组			负责小区客户邀请	每天进度跟进
	网络组			负责网络组织客户的邀请	
	各门市			负责各自门市意向客户邀请	
	家装部			负责各自设计师推荐意向客户邀请	
物料组				负责整个活动所有物料、礼品的准备与保管和现场合作单位道贺物品的安排	
店面布置组				负责店面各种物料的布置	
开业布置组				负责与外包公司对接安排开业工作	

分组	负责人	电话	备注	完成时间
公关组			负责活动相关部门的公关工作及关系维护，如市场、城管、工商、公正处等	

（2）召开动员会。动员会至少需提前一周左右召开，会议内容包括：开业方案、人员分工、任务目标分解、销售工具准备、促销信息、着装要求、到场时间等。若要其他店面人员协助，则要求协助店面的店长提前2～3天、店员提前1～2天到现场了解情况。

4. 人员招聘及团队组建

（1）人员招聘。

招聘人员分为两部分：储备正式员工和兼职人员。储备正式员工可通过当地人才市场、他人推荐等途径进行招聘，兼职人员可在当地或邻近职业院校进行招聘，通常以提供实习岗位、就职机会等方式进行洽谈合作。

（2）团队组建。

在老店工作时间较长，平时工作表现及各方面都比较优秀的员工可以提升为新店店长，从老店调一两位老店员，并招一批新的人员，有相关工作经验的优先聘用。

5. 培训学习

（1）培训内容包括：产品知识、企业文化、规章制度、销售技巧、礼仪、专业知识、导购技巧、销售实景模拟、电话营销等。

（2）对于新进人员，需从外形容貌、心理素质、销售能力、执行能力及团队合作能力进行筛选，分阶段进行培训并考核，通过之后方可成为正式员工。

（二）宣传推广

1. 宣传方式确定

（1）针对不同城市、门店的定位及宣传费用、效果等因素，进行不同的宣传方式组合。常用的宣传方式有：户外大牌、高速与主干道高炮、小区广告、橱窗广告、龙门架、DM 单、临促广告、横幅、竖幅、小区驻点、小区团购、彩色刀旗、开业舞台、举牌、地贴、X 展架、彩虹门、空飘、短信广告、电台广告、电视广告、举牌、夜场活动等。

（2）围绕某一地点，如建材市场内外的广告是投放的重点，例如建材市场外立面、建材市场广场的桁架、刀旗，市场内围绕动线的广告等。

2. 宣传物料制作

根据各种广告形式的投放时间和物料制作周期，确定所有广告物料制作的先后顺序，保证所有物料按时制作完成，广告按时投放。

3. 宣传推广的实施

（1）大范围覆盖类广告一般在开业前 15～20 天开始投放，如户外大牌、高速与主干道高炮、街道墙体、灯杆广告、灯箱广告、公交站台广告、小区广告、车体广告、电视、电台广告、DM 单等。

（2）集中造势类广告一般在活动开始前 3～7 天开始投放，如宣传游车、宣传花车、举牌宣传队、腰鼓队、短信、跨街横幅等。

（3）现场氛围类广告一般在活动开始当天开始投放，如彩虹拱门、空飘气球、竖幅、舞台、地铁、吊旗等。

表 2 – 11 为媒体推广表。

表 2 – 11 媒体推广表

媒体类别	发布时间	媒体	形式	备注
报媒			2500 方文化店软文 1/4 版	头版
			2500 方文化店软文 1/4 版	美家版
			品牌风水讲座软文 1/4 版	周刊
			品牌开业促销信息软文	周刊
			品牌风水讲座软文 1/4 版	美家版
			硬广 1/4	周刊
			开业新闻软文	靓家周刊
			开业大型促销 1/4 版	头版头条
			开业大型促销	周刊头版
			硬广 1/2 版	10 版
			硬广 1/2 版	文娱新闻版
网络媒体	媒体名称	形式	主题	
	搜房网	业主论坛	开业广告	
		营销频道	促销信息	
户外广告	小区电梯		334 面（43×58）	
短信		小区短信	二十万条	
小区临促			100 人	

（三）店面布置

1. 完成装修

为保证有足够的准备时间，店面装修应在开业前 15 ~ 20 天完成。

2. 产品上样

所有产品的上样应在开业前一周完成。对紧缺未到的产品提前确定解决方案，坚决杜绝"空白区域"，对所有已上样产品统一粘贴砖贴、标价、新品介绍等。

3. 卫生整理

新门店的卫生整理需反复进行多次，分别在装修完成后、产品上样完成后、饰品摆放完成后反复多次整理，才能达到干净整洁的环境效果。

4. 摆放饰品

软装及饰品摆放需在开业前一周完成，要不断地对整体效果评估与整理。

5. 绿植等其他

绿色植物等其他店内物品需在开业前一周内准备到位，并请当地销售绿植的人员进行维护。

（四）开业准备

1. 开业分工

将所有开业活动期间内的工作进行模块划分，每个事项明确到个人，保证各件事项有人负责，有人监督（如表 2-12 所示）。

表 2-12　开业分工表

项目	负责人	电话	说明	备注
媒体接待组			负责活动媒体记者的接待，新闻稿及记者红包的发放等	
客户接待组			负责活动客户接待等全部订单过程。另安排一人负责茶水。	

项目	负责人	电话	说明	备注
领导接待组			负责接待出席领导、午宴安排	
电话业务组			负责对小区内意向客户邀约	
开单组			负责对现场开单	
外展组			负责门店外舞台、展架等工作	
临促组			负责临促的位置、发放效果等	
安保组			负责活动现场秩序、安保工作及停车	
抽奖组3人			负责现场抽奖环节的安排、进行，引导奖品发放等	
财务组3人			负责订金、订单的收缴及保管	
应急组			随时处理开业过程中突发的各类应急事件	
机动组			随时配合各环节的工作	

2. 开业前动员会

（1）确定目标。根据小区推广获得的准顾客信息数量、广告覆盖程度、消费者反映情况（进店量、预交定金数量等）等合理制定目标。

（2）制订奖励机制。常有的激励奖项有：龙虎榜、单日最大单奖、团队销量冠军奖和单项奖等。

（3）确定动员会流程，并与重要参会人员沟通。开业动员会内容包括：方案培训、产品了解、店面布置了解、销售技巧、分配工作、工作流程、突发事件处理、销售工具等。

3. 庆典公司联系

（1）确定方案。联系当地知名庆典公司，根据费用预算和预期效果确定活动方案，细化执行流程。

（2）签订协议。

（3）确定专人对接。确定专人与庆典公司对接各项执行流程，监督实施。

4. 物料到位

（1）店外布置的物料有桁架、彩虹门、空飘、舞台、音响、红地毯、气球拱门、开业礼炮、剪彩工具等。

（2）店面布置有花篮、地贴、吊旗、楼梯贴、地贴、鲜花、彩纱、绸带、台花、小气球等。

5. 活动公关

（1）工商、税务、消防等部门需在开业前做好沟通工作。

（2）城管与交警也需在活动前做好相应工作。

6. 应急预案

（1）财物丢失。若客户财物丢失，应急组要先与客户协商是否报警。如客户需要原路返回寻找丢失物品或到派出所报案，应急组成员应陪同客户一起去，并及时向应急组长报告进展情况。活动总协调应视情况安排专人处理或报警处理。

（2）客户投诉。如遇客户投诉，应把客户引领到办公室进行解决。任何情况下都不要发生现场冲突，并由现场领导处理客户的问题。

（3）电源方面，需跟市场沟通好用电的应急方案。

（五）氛围布置

1. 店外氛围布置

依据开业方案布置相应店外氛围，如店外布置有桁架、彩虹柱、彩虹门、空飘、舞台、音响、花篮、红地毯、气球拱门、开业礼炮、剪彩工具、机械烟花、帐篷、锣鼓队等（如图2-7所示）。

2. 店内整体氛围布置

依据开业方案布置相应店内氛围，如店面布置纱幔门、花篮、地贴、吊旗、X展架、楼梯贴、鲜花、鲜花拱门、音乐、彩纱、绸带、台花、小型气球（花型布置）、各种问候语贴饰、水果点心等。

3. 产品氛围布置

主要目的是吸引顾客，让顾客进店选产品时有一种温馨的感觉，同时让顾客一眼就能看到自己想要购买的东西。

场外空飘、气拱门

走廊花篮、红地毯

舞台剪彩

店外布置

图2-7 开业店外氛围布置

（1）需突出产品的特点，应用一些如店长推荐、新品上市等，并加以彩带布置。库存产品暗标识也需要布置。

（2）针对特价产品，可以布置如厂家特供、清仓处理、仅此一天等活动。

4. 礼品和抽奖区布置

（1）礼品区应设在开业舞台、进门口、明显区域。

（2）应从低至高摆放，也可摆成与主题相符的花形，多贴一些奖字、礼字，多突出大奖。或做一些奖品 KT 板，让客户看得更清晰。

（3）制作精美的抽奖箱，安排专人负责，并设立一米线隔离带。

5. 收银台布置

（1）收银台前要空旷，以便方便排队。做一个大 KT 板摆在显著位置，告知此处为"收银台"。收银台后方可以做大幅的活动写真，以增加气氛。

（2）收银台布置需有相应开单、收银工具。

（3）若是门店面积较大，可设立 N 个收银处，并增加 POS 机等。

6. 签单和休息区布置

根据店面的面积划分区域，签单区与休息区分开，以便使签单客户与休息客户互不打扰，也可让签单率更高一些，并在各区域布置一些水果茶点。

7. VIP 顾客接待区

在门店内设置 VIP 顾客接待区（原则上避开前台区域），由专人负责在此接待顾客。

（六） 现场控制

1. 来宾接待

2. 促单小组

由销售能力较强的 2 ~ 3 人组成专业的促单小组，并协助导购进行大单、难单的销售公关。

促单小组成员应对促销产品全盘了解，并将客户消费能力进行区分，重点抓大单。

3. 播音控制

（1） 开业前 3 天进行店内音响效果调试。

（2） 提前准备门店音乐，开业活动期间应播放节奏轻快的喜庆音乐。

（3） 开业活动期间由专人进行现场播音，播音内容包括活动内容、品牌企业介绍、产品介绍、门店情况介绍等，播音人员应情绪饱满、吐字清楚，并具有一定的现场应变能力。

4. 应急事件处理

如遇礼品弄错、电源供应不足、新导购对促销内容讲解不清楚、多次要礼品的、起哄闹事等突发事件，应交予应急小组专门处理。

（七） 活动总结

1. 当天活动总结

（1） 在每天销售工作结束后，进行当日总结。整理订单，了解总销量、正特价占比、畅销产品、准顾客签单量等数据。根据当天的销售情况对第二天的销售工作进行适当调整。

（2）召集所有的销售人员召开总结、表彰会议，收集当天销售工作中出现的问题，并现场给出解决方案，对当天表现优秀的销售人员进行奖励。

（3）召集各小组负责人召开当天工作总结会议，总结当天工作中出现的问题，并给出解决方案，优化第二天的工作。

2. 促销结束总结

（1）召开总结大会。

（2）整理所有销售订单，画出品项分析图。

（3）整理所有顾客信息，得出准顾客成交率，将未成交的顾客信息进行分类整理。

（4）分析整个开业工作中的不足之处，提出改进办法。

3. 庆功会

每做一场活动都需开庆功会。对表现出色人员予以嘉奖，如现金奖励、晋级奖励、物品奖励等，当然也要对事件处理不当者进行处罚。

附表：开业庆典时间推进表

表 2 – 13　开业庆典时间推进表

日期 开业进程		开业前90天	开业前60天	开业前56天	开业前49天	开业前42天	开业前35天	开业前28天	开业前21天	开业前14天	开业前7天	开业前3天	开业期间	开业结束
前期筹备	市场调研													
	开业方案确定													

开业进程 \ 日期	开业前90天	开业前60天	开业前56天	开业前49天	开业前42天	开业前35天	开业前28天	开业前21天	开业前14天	开业前7天	开业前3天	开业期间	开业结束
前期筹备 分工确定													
前期筹备 团队组建													
前期筹备 培训学习													
宣传推广 宣传方式确定													
宣传推广 宣传物料制作													
宣传推广 宣传推广实施													
店面布置 完成装修													
店面布置 产品上样													
店面布置 卫生整理													
店面布置 摆放饰品													
店面布置 绿植等其他													
开业准备 开业分工													
开业准备 开业前动员													
开业准备 庆典公司联系													
开业准备 物料到位													
开业准备 活动公关													
氛围布置 店外氛围布置													
氛围布置 店内氛围布置													
氛围布置 产品氛围布置													
氛围布置 礼品、抽奖区布置													
氛围布置 收银台布置													
氛围布置 签单、休息区布置													

督导能力提升

下篇

续表

开业进程 ＼ 日期		开业前90天	开业前60天	开业前56天	开业前49天	开业前42天	开业前35天	开业前28天	开业前21天	开业前14天	开业前7天	开业前3天	开业期间	开业结束
现场控制	来宾接待													
	促单小组													
	播音控制													
	应急事件处理													
活动总结	当天活动总结													
	促销结束总结													
	庆功会													

三、督导指导促销能力训练

（一）背景分析

1. 往期活动回顾

（1）回顾目的。

各区域市场做促销活动的时候，需回顾往期的促销活动，其目的主要有：

- 预估市场对活动的接受度。基于以往做过的促销活动，初步估计拟举办的促销活动与本区域的匹配性与接受度。
- 借鉴成功经验。借鉴往期类似活动中成功的地方，为本期活动提供参考。
- 吸取教训。避免在本次活动中发生往期同样的问题。

（2）回顾内容。

对往期活动的回顾，主要内容如下：

- 活动内容及其效果。在区域市场内，主要从促销活动类型、活动时间、客户类型、客流量、客单值、产品类别、销量等方面进行回顾。

- 成功经验。曾经举办的促销活动，剖析其成功的要素。

- 不足之处。对往期举办的促销活动，总结其不足之处，以改进其将要举办的促销方案。

2. 市场现状分析

每场促销活动前，需对当地市场现状进行分析。只有充分了解市场状况后，才能更好地制订促销推广方案，确保促销活动的有效实行。先从近期消费者和建材市场动态、趋势进行分析。

（1）消费者分析。

- 听取一线人员意见，掌握客户偏好。导购、店长、业务人员最了解客户，知道客户喜好和可接受产品的价位。区域市场可结合自身实际情况，通过座谈会、电话、Email 等形式，收集市场一线人员的反馈信息，随时掌握市场动态，了解客户偏好。

- 通过销售数据，了解客户动态。可以通过分析销售数据得出畅销产品品类、市场接受的价格区间、市场偏好的产品花色等客户数据。

- 访谈客户。通过与客户实际接触，了解客户产品偏好、可接受的价格区间，等等。

（2）市场分析。

积极沟通，掌握市场动态。与市场积极沟通，了解由市场组织的活动主题、时间、形式、周期和内容等，借助活动达到提高销量的目的。

3. 竞品的分析

（1）由市场部人员多渠道搜集竞品信息。各区域市场在制订促销方案时，市场部派遣专人通过终端门店、网络等多渠道搜集竞品促销信息，掌握竞品促销动态。

（2）以价格信息为主，兼顾其他。竞品信息收集，以促销产品及相应价格为主，同时兼顾竞品促销形式、时间、力度、规模和宣传等信息。

4. 产品盘整

做好一场成功的促销活动，除了上述需要分析的因素以外，还需将产品进行盘整，从而找出本次促销最合适的产品。

（1）筛选原则。

● 通过一线销售人员进行促销产品的筛选。各区域市场需结合实际情况，通过会议、邮件、电话访谈等各种形式收集促销产品的信息，被推荐频次较高的产品可作为促销备选产品。

● 采用数据分析，筛选促销产品。通过往期促销活动中产品销量的排名状况，筛选将要促销的产品。

● 盘整库存产品。对库存量大的产品、淘汰品或尾货进行整理，也可作为促销活动的产品。同时结合品牌总部的库存制定促销产品。

（2）筛选保障。

● 预计产品销量以确保交货期。

各区域可结合自身区域情况，结合往期销量及销售增长率、上年同期销售情况等因素，来预计本期促销活动备选产品销量。确定各备选产品现有库存是否能满足促销期间产品的供应。

若现有库存能满足促销需要，库存产品将作为主要的促销产品。若现有库存不能满足促销需要，则需通过品牌总部进行调整。

若品牌总部仓库有现货，及时下单，并保障在安全库存期前能及时到货，否则，不挑选该产品。

若品牌总部仓库无现货，看总部的生产计划能否及时满足促销期的需求。若能，则该产品纳入促销产品；若不能，不能作为促销产品。

• 考虑竞品的促销产品。可针对性的制定不同的产品组合及价格进行对竞品的产品阻击。

（3）优化产品组合。

各区域可结合自身区域消费特点，将产品统筹规划，优化产品组合。如将竞品有优势的产品加大促销力度，调低价格，作为吸引消费者的手段之一。同时把与竞品类似的产品和竞品价格保持一致，将品牌有优势的产品价格调高以保证利润。

（二）促销方案拟定

1. 主题确定

各区域市场可结合品牌总部的往年促销活动，结合自身区域市场特点，制订区域年度促销计划。以年度促销计划为主线，规划区域的促销活动。对于参加冠军联盟的城市可与各联盟商家商讨确定促销主题。

（1）促销主题拟定。

• 结合品牌总部往年促销活动，制订区域性的年度促销推广计划。品牌总部在 3.15、五一、十一等大型促销活动期间，都会有全国性的大型活动。各区域市场可在品牌总部以往促销活动基础上，结合区域实际情况制订年度促销推广计划。

• 以年度促销计划为主线，统筹规划区域性的促销活动。各区域市场参照年度促销计划规定时间节点，落实年度促销计划，确保全年促销计划有序进行。

• 以市场为导向，兼顾年度促销计划，确定当前促销主题。在确定某期促销主题时，需积极听取市场一线的反馈，并结合区域特点确定当前的促销主题。

（2）联盟活动主题确定。

联盟商家各自提出 1～2 个备选方案，采取投票方式确定联盟活动促销主题。

2. 促销形式及促销手段选择

常用的促销方法有满额赠送、满额立减、直接降价、满额换购、有奖销售、套餐销售等。在终端的表现形式有返券、折扣、特价、限定条件优惠、限总量优惠、限客单量优惠、购买超过一定量优惠、商品碰头分组促销、捆绑销售、消费购买一定额度、可以购买超低价商品、赠品促销、有奖销售、商家联盟促销、购物送服务、老顾客回访等多种形式。

选用原则：

（1）简单原则。活动手段、活动形式要简单明了，能让导购等一线销售人员快速掌握，并给客户传达清楚。

（2）实用原则。促销手段及形式选择一定要求实用性，能让客户切实感受到实惠，且能接受。

（3）易操作原则。导购等一线销售人员能快速、准确地将客户能得到的优惠计算清楚，让客户明白究竟自己能得到多少实惠。

（4）适度原则。市场上现有促销手段、促销形式多种多样，各区域可结合自身实际从中选择几种来进行，但不宜太多。一场促销活动如果促销手段、促销形式太多，将会增加一线人员的传达难度，消费者也不易接受。

（5）延续性原则。促销活动需有延续性，让导购及相关人员能更好的掌握运用。

（三）促销准备

1. 促销物料准备

行业内常用的促销物料有 DM 单页、X 展架、吊旗、地贴、价签、KT 板、海报、礼品堆头等。各区域可结合自身实际，选择其中部分作为促销物料。

各区域在做促销物料时，各门店需及时向市场部上报物料需求种类及其数量。市场部收到物料需求单后（见表 2－14），核算不同种类的物料需求。市场部物料制作完成后，可结合区域实际，下发物料。3.15、五一、十一期间的大型活动，要求促销物料提前 15 天制作完成，并下发到各终端。区域主导的小型活动促销物料要求提前 7 天制作完成并下发。

表 2－14　物料需求单

门店名称：　　　　　　　　　　　　　　　　　　　　　日期：

序号	物料种类	数量	备注
1	DM 单页		
2	X 展架		
3	吊旗		
4	地贴		

序号	物料种类	数量	备注
5	标价贴		
6	店长推荐		
7	礼品		
8	矿泉水		
9	手提袋		
10	海报		
11	……		
	合计		

制表人：

备注：市场部下发物料需求单时，需将物料电子版一并下发到各终端。物料种类以区域实际使用为准，在此仅做示例。

2. 人员组织及培训

(1) 促销活动相关人员职责。

● 市场部相关人员

第一，调查市场，了解竞品促销动态并制订促销方案。

第二，设计与制作物料，及时将物料打包下发到各终端。

第三，拟定各终端人员促销方案及培训内容。

第四，根据活动需要与合作单位联系，并安排临促、门迎。

临时促销员在市场周边发放单页，按照公司要求举牌（促销信息或指引路牌等）。

门迎在店面门口发放单页，引导客户进店。

（如果需要临时促销员、门迎介绍公司）市场部组织人员对临时促销员、门迎进行培训。

第五，统筹协调促销推广的其他相关事宜。

● 网络相关部门

将促销信息通过网络媒体进行发布。

编写相关促销软文。

具体参照品牌公司《互联网、新媒体推广指导手册》执行。

● 终端店面人员

执行公司标准，使用吊旗、地贴、X 展架、礼品堆头等促销物布置门店。

通过电话邀约意向客户参加促销活动。

协助业务员电话邀约周边小区客户。

接待客户，后期客户跟进。

● 小区推广人员

将促销信息在小区发布，传递给小区客户，并邀约客户。

组织小区客户到活动现场，并与客户积极互动。

● 设计师渠道推广人员

将促销信息传递给设计师，并邀约客户。

协助制定设计师政策。

● 活动监察组（各区域可结合自身情况进行相关人员安排）

监督促销各项准备工作执行进度，并及时督促相关部门及人员按时完成工作。

核查终端店面布置情况。

监察相关人员对促销政策掌握程度。

促销活动期间，对违反公司政策的行为进行核查、上报、处罚等。

表 2 - 15 为某区域团购活动人员安排。

表 2 - 15　某区域团购活动人员安排

活动总控：　　　　　　　　　　　　　　　　市场部经理

小组	组长	组员	相关事宜
场地布置			市场部、小区部负责场地布置、礼品搬运和样品摆放
收款			负责当天成交客户的收款事项
审核			审核订单
铂金卡出售			出售铂金卡并登记客户信息
礼品管理			验证订单，收回铂金卡，并负责铂金卡兑换抽奖卡事宜，发送礼品后登记信息，加盖"已领奖品"专章
活动整体协调			负责整体活动运作，包括舞台、音响、场地秩序
展示区			负责产品展示区的布置摆放，当天导购接待客户，成交订单
抽奖组			负责抽奖客户的集中、抽奖、指引客户领取礼品
运输			地毯运输

（2）人员培训。

各终端门店在每次开展促销活动前，都必须对相关人员进行培训，需采取"三级培训"体系来保障培训效果。

第一级，由市场部组织相关人员进行促销政策的培训。区域统一下发通知，要求各店面、小区和分销等相关人员准时参加区域内的促销课程的学习。市场部负责促销政策的讲解、现场答疑等，并及时发放促销政策资料。

第二级，相关部门、门店负责人召集所属员工讨论学习。小区、分销等部门负责人召集所属员工，讨论学习促销政策。店长召集店面导购，以提问、现场模拟等多种形式加深对促销政策的理解。

第三级，下发资料自行研读，监察组抽查考核。店面、小区、分销等部门相关人员等，需对促销资料仔细研读。监察组对所有人员进行抽查、考核，并记录在册，作为考核依据。

为保障培训的有效性，各区域可结合自身实际，对培训事项规定时间节点。大型活动要求在蓄客期开始前 3~5 天完成相关培训。

3. 蓄客

为提升促销活动的成交率，各终端门店需在促销活动前，做好相应的蓄客准备。主要有以下几种蓄客的常用方法：

（1）**发送短信蓄客。**

可运用自建短信平台、手机、网站等工具发布促销信息。

- 门店对所有记录的客户手机进行短信通知。
- 通过网络媒体向其注册会员发送短信。
- 短信最好由公司统一编写。
- 短信需发送两次，最好在活动前一周内和活动前一天发送。

（2）**电话邀约蓄客。**

- 各店将原有所记录下来的客户资料进行电话追踪。在活动前三天内，电话告知活动内容和时间，尤其那些意向比较强的客户要通知到本人。
- 把有意向客户和承诺能来的客户记录下来，在活动前一天再重点通知一次。

● 小区业务人员也需把促销信息告知客户，并跟客户约好来店时间。

● 对于有专职电话营销人员的区域，在促销活动前，可以有针对性地选择小区，逐家逐户做电话营销。

（3）合作联盟公司蓄客。

业务员将促销信息告知合作联盟公司的业务人员，通过合作联盟公司人员，邀约消费者来店。还可以将促销海报张贴在联盟公司内。

（4）广告牌蓄客。

在促销活动前，需把所有区域市场的所有的广告牌都要更换成本次促销活动的内容。

（5）媒体宣传蓄客。

各区域可综合考虑本地客户媒体消费习惯、媒体费用等多种因素，选择符合自身实际的媒体。除了大众媒体之外，可通过与门户网站、当地主流网站或建材网站、小区业主论坛等媒介发布促销信息。

（6）DM 派发蓄客。

● 派发区域可选择当地的重点小区、市场或超市。

● 派发时间需在活动前一周开始，并在促销活动前两天内派发完毕。

● 派发对象主要为周边小区顾客，和光顾市场或超市的顾客。从竞品店出来的顾客必须作为派发及介绍促销活动内容的重点客户。

需注意事项：

第一，要注意监督派发人员派发的准确到达率，避免单张的人为浪费。

第二，派发小区时，尽量用扫楼的方式派发，从最高楼层到最低楼层，也可以从门缝里塞进。

第三，在市场或超市派发时，应该在其入口、出口处。这里人流比较多，而且从出口处可以对顾客购买商品的意向性有个大致的了解。

4. 促销宣传

促销宣传其目的在于让客户知道品牌在做活动，让尽可能多的目标客户知道品牌的促销活动。促销宣传常用的有电台广播、报纸、DM 单页、小区广告、户外广告、建材市场周边广告、网络、人员宣传、软文等多种形式。需注意以下几点：

（1）注重投入产出效果。由于区域客户媒体偏好不同，各区域要因地制宜，选择符合区域特点的宣传形式。

（2）宣传以促销内容为主导。

（3）促销宣传应重点突出价格折扣、礼品等，通过优惠政策来吸引客户。

（4）终端门店的宣传也需突出品牌特色，特色的店面氛围的布置能够起到吸引客流的作用。

（5）促销宣传要制定严格的工作推进计划，并规定工作事项、时间节点及责任人。

（四）促销执行

促销活动的成功，不仅在于一份好的促销方案和充分的促销准备，更重要的是促销活动的执行。为保障促销活动的有效执行，各区域需指定责任人与其他相关部门进行对接，并及时跟进促销活动的完成情况

（如表 2 – 16 所示）。

表 2 – 16　促销执行推进分工表

工作进展		负责人	电话	完成时间	备注
背景分析	往期活动回顾				
	市场现状分析				
	竞品分析				
	产品盘整				
促销方案拟定	主题确定				
	促销形式及手段选择				
促销物料准备	物料准备				
	人员组织及培训				
	蓄客				
	促销宣传				
促销执行					
活动总结					

表 2 – 17 为某区域部分活动执行。

表 2 – 17　某区域部分活动执行表

事项	责任人	开始时间	结束时间
店内宣传物料设计			
打包物料发放			
各渠道培训			
店面氛围布置			
店面氛围检查			
活动总结			

（五）促销总结

促销活动结束后，各区域应对活动情况进行总结，就活动筹划阶段、执行阶段成功之处和不足之处进行总结。将成功之处提炼归纳，形成经验；不足之处提出整改意见，为以后的活动提供参照。

区域市场负责人召集各部门、渠道负责人参加总结会。在总结会上相关部门、渠道负责人对投入产出、销售业绩达成等情况作总结（如表2－18所示）。

表2－18　促销总结的内容

部门	总结内容	备注
市场部	对本次促销活动方案、物料、终端门店的布置等方面，并对各部门在活动执行过程中的配合情况进行总结	
监察组	监察组对活动筹划过程、执行过程中，对相关责任人是否按公司计划、统一部署，按质按量完成工作情况进行总结	
直营各门店	各直营店面需对业绩完成率、同比增长率、环比增长率等情况进行总结，评价维度以实际回款额度作为参考依据	对客户进店数、成交客户数进行比较
分销渠道	对区域内分销商参与联动的促销活动，需对分销渠道的销售情况进行总结	
小区渠道	以小区客户的实际回款为依据，对小区的业绩情况进行总结	

表2－19为促销活动时间推进表。

表 2-19 促销活动时间推进表

工作事项 / 时间		活动前90天	活动前60天	活动前56天	活动前49天	活动前42天	活动前35天	活动前28天	活动前21天	活动前14天	活动前7天	活动前3天	活动前1天	活动期间	活动结束
背景分析	往期活动回顾														
	市场现状分析														
	竞品分析														
	产品盘整														
促销方案拟定	主题确定														
	促销形式及手段选择														
促销物料准备	物料准备														
	人员组织及培训														
	蓄客														
	促销宣传														
促销执行															
活动总结															

四、督导突发事件处理能力训练

店面店安全管理涉及公司的建筑物、人员、钱财、物品、设备甚至顾客的安全，故不得不重视。而各项安全管理的重点，主要是事前预防，事中处理及事后检讨改进。

1. 消防安全管理

（1）预防、处理、检讨（如表 2 - 20 所示）。

表 2 - 20　预防、处理、检讨的内容

步骤	内容	备注
事前预防	1. 准备抽水马达、灭火器等防灾设备 2. 灭火器设置，依消防法规于各店明显处，设置足额的灭火器，并定期检查 3. 店面和库房内严禁吸烟 4. 随时检验插座、插头的绝缘体是否脱落损坏 5. 清理垃圾时，应确定其中无火种等易燃物 6. 全体门店人员皆应知道总电源开关及灭火器的位置及使用方式 7. 店内人员完成防火灾编组，平时应随时演练。发生火警时，各同仁分派责任工作 8. 建立紧急联络电话（员工的联系方式、家庭住址）	对员工进行定期安全教育

续表

步骤	内容	备注
事中处理	1. 立刻报告店面经理，拨打119，并立即报告总经理、店长 2. 若有人员或顾客在场，以疏散人员为第一优先 3. 把总电源开关关掉 4. 消防小组成员依平日的训练，抢救金钱、财物、重要资料等 5. 各成员的抢救工作，以本身安全为最优先考虑 6. 抢救的金钱、财物、重要资料等要有专人负责看管，以防趁火打劫	有序处理，不慌乱
事后检讨改善	1. 检查灾后门店并做损坏评估 2. 配合公安消防单位，调查原因及责任 3. 事件处理缺失检讨及灾后重整报告	总结并找出事故原因

（2）日常注意事项（如表2-21所示）。

表2-21 日常注意事项

源头管理	管理方法	备注
危险物品储存、装卸管理	1. 危险物品的总储存量必须符合防火规范的规定，特别是对于稀释剂一类的危险品应当最大限度地降低库存 2. 危险物品的摆放一定要整齐、合理 3. 储存场所必须保持通风良好，特别是炎热季节一定要采取降温措施，严格控制温度 4. 物品入库前必须认真检查，确定无火种等隐患后方准入库 5. 危险物品的包装容器应当牢固密封，发现破损、残缺、变形时应当及时进行安全处理，发生跑、冒、滴、漏时，必须马上处理，严禁继续储存	油漆等可燃性物料必须加强管理，并由专人负责
危险物品储存、装卸管理	6. 包装破损的危险品不得进行运输 7. 所有营业区、库区的卫生必须保持整洁、干净，使用过的沾油纤维物品以及可燃包装品，严禁在营业区、库区出现 8. 稀释剂应存放在阴凉通风的角落，与油漆隔离存放 9. 打烊前必须对库区、营业区进行安全、卫生巡视检查，确认安全后方可离人	
火源管理	1. 严禁在店内使用明火 2. 严禁在店内吸烟，所有人员有义务遵守并劝导顾客	加强火源管理意识

督导能力提升

源头管理	管理方法	备注
电器管理	1. 需按有关规定的标准架设电源 2. 公司系统的所有用电设备，一律登记备案，未经批准，严禁私拉乱接电线、增加用电设备 3. 严禁使用不合格的保险装置 4. 库房内铺设的配电线路需穿金属管或用非燃硬塑料管保护 5. 库房内照明设备必须加装防爆装置 6. 每个库房应当在库房外安装开关箱，保管人员离开时必须拉闸断电	正确使用电器设备

（3）相关设施与应急预案（如表 2－22 所示）。

表 2－22　相关设施与应急预案

设施及预案	管理方法	备注
消防器材与疏散通道管理	1. 所有防火区域必须按照国家有关消防技术规范，设置配备消防设施和器材 2. 消防器材应当设置在明显和便于取用的地点，周围不准堆放物品和杂物 3. 消防设施器材应定期检查、维修、保养、更换和添置，保证完好有效 4. 防火区安全出口、疏散楼梯等消防通道，严禁堆放物品	遵守消防制度
应急疏散方案	1. 火情发生后立即拨打 119 报警，遵循救人第一的原则 2. 各门店加强消防培训，掌握消防知识，提高消防自救技能 3. 各门店店员必须熟悉本店防火区域的建筑结构和消防通道，以便发生火情后能迅速组织疏散 4. 疏散时如人员较多或能见度很差时，应在熟悉疏散通道的人员带领下撤离危险区。带领人可用绳子牵领，用"跟着我"的喊话或前后扯着衣襟的办法，将人员撤离室外或安全地点 5. 撤离途中被浓烟所困时，由于烟雾一般是向上流动，地面烟雾相对比较稀薄，因此可采用低姿行走或匍匐穿过浓烟区的方法。如有条件可用湿毛巾等捂住嘴，或用呼吸法，用嘴呼吸，以便迅速撤离出浓烟区	

督导能力提升

续表

设施及预案	管理方法	备注
应急疏散方案	6. 一旦自身着火一定要迅速拍打，或迅速脱掉衣服，切记不能奔跑，那样会使身上的火越烧越旺，还会把火种带到其他场所。身上着火也可倒地打滚，在场的其他人员可用湿麻袋、毯子等物把着火人包裹起来以窒息火焰 7. 为最大限度地减少损失，防止火势蔓延和扩大，应有选择地迅速疏散物资，保证人身安全 8. 疏散可能扩大火势和引爆危险的物资，如液化气钢瓶、稀释剂等 9. 疏散性质重要、价格昂贵的物资 10. 疏散影响灭火的物资，如怕水、怕污染的物资等	定期组织员工进行消防演习，熟悉疏散路线，明确消防器材的位置

2. 现金安全管理

（1）防骗管理（如表2-23所示）。

表2-23 防骗管理的内容

步骤	内容	备注
事前预防	1. 不要背对或离开已打开的钱财放置处或保险箱 2. 视线不要离开已打开的钱财放置处或保险箱 3. 收到顾客所付钱财，应等顾客确定找对了钱后才得将钱放入钱财放置处 4. 收到顾客大钞时，应注意钞票上有无特别记号及时识别假钞 5. 注意顾客以其他手法来骗取钱财 6. 针对各种骗术手法，实施在职训练，以熟练防范技巧 7. 闲杂人员未经允许不得进入收银台内	时刻警惕
事中处理	1. 不可因人手不足，顾客拥入，而自乱阵脚，疏忽了上述防范措施 2. 事件发生后马上将被骗事件上报店面经理	不能慌乱
事后检讨改善	做成示范个案，通报各门店注意，避免再中圈套	反思

（2）防偷、抢管理（如表2-24所示）。

表 2－24 防偷、抢管理的内容

步骤	内容	备注
事前预防	1. 强盗最容易下手的四种状况，应随时避免：太多钱财露白、灯光暗淡、没有目击者、有容易逃走的路线 2. 装置监视器 3. 钱财放置处不得存放太多钱，大钞应尽量少，随时投入保险柜内或存入银行 4. 尽量保持店内的明亮度 5. 收银台的位置由店外或街道上可以看得到 6. 玻璃窗上不得张贴太多海报、POP，以免遮住由外往内看的能见度 7. 打开钱财放置处不可露出太多现金 8. 不要在顾客面前数大钞 9. 留意店外徘徊，鬼鬼祟祟的人 10. 提高警觉，发现可疑人物，尽速通知全体服务人员及向公司报告 11. 收银台下装置联机的警报系统，门店明显处张贴警示 119 报警标志 12. 注意携带特别包装，如长柄物品或类似枪炮、弹药的包装物 13. 店内金钱管理依收银管理规定，每日存入指定银行 14. 平时应注意员工的生活作息是否正常，言行举止是否有怪异现象	时刻警惕
事中处理	1. 尽量稳住歹徒，给予他所要的财物 2. 不必试图说服歹徒，须记忆歹徒的体貌、口音特征 3. 以生命安全为重要原则，不与歹徒吵架 4. 全体人员的手应让歹徒看得到并告知店内还有多少人 5. 不要追逐歹徒 6. 不要去碰歹徒双手触摸过的物品及设备 7. 歹徒离开后立即报警，并尽快通知本公司有关人员 8. 店内人员监守自盗的状况，若查有实情，依规定送警处理	不能慌乱，不要逞强
事后检讨改善	1. 往往被抢的店，容易再度成为歹徒目标，故应针对事前防范的各项重点，改进缺失 2. 联络管区警察，列为巡逻路线 3. 被抢的店内人员须做调整，增加男性员工比例	反思

3. 防止意外伤害

表 2 - 25 为防止意外伤害的内容。

表 2 - 25   防止意外伤害的内容

步骤	内容	备注
事前预防	1. 店里店外打破的玻璃碎片应立即清扫干净 2. 店内地面应保持干净，不可太湿，以防止顾客滑倒 3. 店内地面不得有钉子、玻璃碎片、铁制碎片以防止踩到受伤 4. 随时注意设备有毛边缺口，以防止顾客被割伤 5. 店内服务人员登高必用牢固的梯子 6. 不可站到纸箱、木箱或其他较软而易下陷、倾倒的物品上 7. 抬重物应先蹲下，再将腿伸直抬起物品 8. 发现走道上有任何障碍物，应立即清除，以免撞到或跌倒	习惯养成，避免伤害
事中处理	1. 若受伤者系本公司员工，视情况送医治疗，并汇报上级主管，严重者并通知家人 2. 若受伤者系顾客，若属轻微，则由店长赠送小礼物致歉；若须送医治疗者，则须通报上级出面致歉并赠送礼物，并负担医药费；严重者通知其家人，以抢救、送医治疗为第一优先，不要在现场争吵或追究责任 3. 现场要尽速清理，以免影响继续营业或再度发生意外	有序处理
事后检讨改善	1. 检讨事情发生的原因，反思实际处理的结果 2. 做成个案，通报各门店 3. 建立事故档案，以避免类似事故发生	档案建立

4. 危机处理程序

（1）凡遇到各种安全事故发生，门店当班主管应于事件发生时立即通知相关主管。

（2）紧急联络之流程及办法：

● 遇有紧急情况发生时，按下列程序之先后，联络有关人员。

第一顺位：店长×××，电话：××××

第二顺位：店面经理×××，电话：××××

第三顺位：总经理×××，电话：××××

● 若发生联络不到人时，可直接越级与其他主管联络。

● 若发生安全危机情况，除了公司联络人，应尽快联络有关单位，如：消防队（×××）警政单位（×××）、区域派出所（×××）、医院（×××）。

（3）店内应将上述电话由店长制作成表格张贴于收银前台。

5. 危机处理原则

人员分为三组，每组分工不同，三组人员共同协助处理现场紧急事件。

（1）第一组寻找原因并做事件处理。

（2）第二组安抚顾客并帮助其安全离开现场。

（3）第三组寻求专业组织或机构帮助，查看店面人员、物品安全。

6. 危机处理办法

（1）**接待台电源插座遇茶水，怎么办？**

● 切断电源插座，移走电器。

● 拿干抹布、纸巾擦拭干净。

● 确认阴干或烘干后，才可以再次使用电源插座。

（2）**进店小孩、宠物现场小便的标准处理方式。**

● 通知小孩的父母及宠物主人。

● 给小孩或宠物准备纸巾。

● 清理地面。

（3）进店顾客滑倒的标准处理方式。

• 询问顾客伤势，如伤势严重，不要移动顾客，做紧急处理。如无大碍，搀扶顾客起身。

• 查看原因，如果是地面问题，给顾客道歉，送小礼物安抚顾客，并马上清理地面。如果不能马上清理干净，在醒目位置标明"注意滑倒"字眼，提醒顾客注意。

• 如果是顾客自身原因，送上热饮，为其压惊。

（4）店内着火的标准处理方式。

• 判定起火部位、着火物质及火势大小。

• 如火势不大，迅速利用店中备有的简易灭火器材，采取有效措施，控制和扑灭火势。

• 家用电器或线路着火，要先切断电源，再用干粉或气体灭火器灭火，不可直接泼水灭火以防触电或电器爆炸伤人。

• 救火时不要贸然开窗，以免空气对流，加速火势蔓延。

（5）下雨店内被水淹的标准处理方式。

• 一部分人员先撤出贵重或易潮物品。

• 一部分人员察看水淹原因，尽量切断水源。

• 使用工具清理店面。

（6）碰到顾客砸店、闹事、严重客诉的标准处理方式。

• 将顾客带到安静的地方，让顾客发泄情绪，缓和顾客情绪。

• 若在自己范围内解决事情，与顾客解释，争取顾客谅解，赠送礼物安抚顾客。

• 如顾客提条件，在自己范围内解决不了的事情，请店长或经理来处理。

● 如果顾客的条件不能接受，先稳定顾客情绪，与顾客达成共识，待现场察看再做处理决定。

（7）停电了，怎么办。

● 关闭总电源及办公室一切机器设备。

● 设置紧急照明灯，以引导顾客疏散。

● 收银区应设立紧急照明灯，以防止偷窃或夹带的事件发生。

● 出口处用紧急照明灯照明，以利顾客出店并向顾客致歉。

● 听从店长指挥，沉着、冷静应对，以免造成顾客惊慌。

（8）鼠灾虫灾，怎么办。

● 可查看原因，找专业人员处理。

● 日常店面内不能存放食物，及时清理残渣。可薰檀香，减少火灾风险。

督导工具箱

一、督导实用表格

附表一：《月督导部巡店计划表》

表 3 - 1　月督导部巡店计划表

填写日期：　　　　　　　　　　　　　　　　　　　　填写人：

本月巡店原因：					
本月巡店人员及时间安排					
巡店人员	巡店店铺	到达时间	离开时间	主要工作	预计效果/目标业绩

续表

营销经理意见：
副总经理意见：
总经理确认意见：

注：本表经总经理签字确认后，督导方可出差。

附表二：督导任务单

表 3 - 2 督导任务单

开单日期：   督导主管：

客户名称		客户类型	□自营 □加盟 □总代
			□单店 □多店
任务类型	□业绩扶持 □新店开业 □试销 □店铺认证 □一般督导	难度系数	
派遣督导		客户电话	
去年同期业绩		今年按现状预期		希望达到目标	
店铺出现的问题描述：					
工作计划：（由派遣督导填写）					
营销经理核实：					
营销副总批准：					

以下为任务结束后填写	
实际完成业绩：	完成率：
督导主管意见：	
市场部经理意见：	
营销副总意见：	

注：本表经营销副总批准确认后，方能执行。

附件三：店铺检查表

表 3 - 3　店铺检查表

店铺名称：　　　　　　　　　　　检查人员：（　　　）

检查日期：　　　　　　　　　　　检查时间：　　：　　至　　：

项目	（合格）√ （不合格）×	项目	（合格）√ （不合格）×
一、作业流程检视		**（二）营业前准备**	
（一）到达岗位		1. 是否清点货品，货品是否准确无误	
1. 是否更换工作服、工鞋、工牌		2. 是否清点现金，现金是否准确无误	
2. 是否整理头发、化妆、指甲、首饰佩戴		3. 是否按以下次序清扫货场并保持清洁	
3. 早会是否准时召开，有无按早会制度执行		（1）门口招牌、Logo 标完整、清洁	
2. 员工个人形象和状态是否合乎标准		（2）橱窗、玻璃、地板、展台及模特整洁	

督导工具箱

项目	（合格）√ （不合格）×	项目	（合格）√ （不合格）×
（3）通道、门口、地板、天花板整洁		9. 店铺门、窗正常使用，符合安全需要	
（4）店铺后仓综合卫生状况、规范情况		10. 室内温度属于正常范围	
（5）机器设备、货架及层板整洁		11. POP 牌和 VIP 办理须知是否齐全，是否放在正确位置	
（6）玻璃、镜身及墙身整洁		12. 形象品、装修物品有没配送完全	
（7）收银台桌面、电脑、POS 设备清洁		13. 喷绘、灯箱画是否当季适用、完整	
（8）休息区域卫生状况		14. 节假日/日常店铺 POP 足量，气氛适宜	
（9）商品、包装物、衣架、裤架等配件整洁		15. 是否完全按公司形象装修（含试衣间）	
（10）试衣间（镜子、墙壁、地面、试衣鞋）卫生状况		16. 电话回访	
4. 营业用品是否齐备，特许经营牌正确摆放		（1）售后三天，电话回访客户对我们商品及质量满意度	
5. 标准背景音乐播放是否合乎规定		（2）节假日、客户生日及重要日子，我们要给客户致意	
6. 店铺灯光合乎实际需要（招牌、室内、橱窗）		（3）节气有重大变化，例如像天气突然变冷（或热），我们必须要主动提示顾客，借以触发消费动机	
7. 应急灯备量足够		（4）新货上市或公司优惠活动必须优先告知会员客户和 VIP 客户	
8. 灭火器数量齐全，并在使用期内		（三）营业中	

项目	（合格）✓ （不合格）×	项目	（合格）✓ （不合格）×
1. 是否保持货场卫生、收银台卫生		3. 留意顾客的需求，主动跟随顾客	
2. 音乐保持正常播放、室内温度正常		4. 主动为顾客介绍货品	
3. 试衣间门保持关闭		5. 介绍货品运用FAB的技巧	
（四）营业结束准备		6. 主动邀请顾客试衣	
1. 货品是否清点并核对账目		7. 按试衣间服务的规范要求执行：先了解顾客尺码，取出合适服装，拆装衣、裤架，解开服装纽扣、拉链，带领顾客到试衣间前，敲门，将货品挂在试衣间内，温馨提示，自我介绍，关门	
2. 整理货场货品		8. 顾客从试衣间出来时，主动为顾客整理衣服	
3. 是否将现金正确存放		9. 询问顾客感受，介绍产品FAB，主动进行附加销售	
4. 是否规范操作账务工作		10. 主动引导顾客到收银台付款	
5. 晚会是否准时召开，有无按晚会制度执行		11. 付款时唱收唱付，告知洗涤保养方法	
6. 是否关闭所有电脑、音响、照明、门窗		12. 客户建立资料卡：	
二、服务流程检视		（1）主动询问顾客是否有VIP卡	
1. 顾客进店时，用"打招呼"的标准用语必须分时段，分节日打招呼		（2）普通客户购物是否都主动为顾客填写了《普通会员积分记录卡》	
2. 顾客进门时，需主动为顾客开门		（3）VIP客户是否填写《VIP积分记录卡》	

项目	（合格）√ （不合格）×	项目	（合格）√ （不合格）×
12. 收银完毕后，问顾客还有别的需要吗		6. 橱窗是否按公司要求布置	
13. 用"送别"标准用语，送别顾客		7. 是否一周两次更换橱窗陈列	
14. 服务过程中，是否全程"微笑服务"		**五、店面形象类**	
三、顾客投诉处理		**六、货品检视**	
1. 是否对我们的服务不周或产品缺陷进行道歉		1. 畅销款是否充足，普通款是否充足	
2. 是否仔细倾听顾客的投诉		2. 有无形象款、主推款	
3. 是否耐心接待客户的投诉		3. 总量是否足够，库存比例是否协调	
4. 是否及时采取相应的弥补措施		**七、员工基本技能和态度**	
5. 是否对相应的责任人采取教育及处罚措施		1. 员工工作态度是否端正	
四、服装、橱窗陈列规范管理		2. 员工工作职责是否明确	
1. 商品吊牌规范收整		3. 货品（含货号、价格、面料成分、洗涤方式）知识是否熟悉	
2. 店铺上柜商品经过熨烫、平整		4. 员工都有掌握衣服整烫知识	
3. 商品、陈列配饰品没有破损		5. 员工熟悉消防灭火知识	
4. 形象品、服饰品是否配备齐全		6. 销售小票、发票是否填写完全、正确	
5. 店铺商品搭配陈列是否按公司规定执行		7. 熟悉公司商品的退换货制度	

项目	（合格）√ （不合格）×	项目	（合格）√ （不合格）×
8. 熟悉店铺管理制度		4. VIP 积分记录卡、普通客户积分记录卡（存根联）是否完备	
八、文件规范管理		5. 日常购销、往来单据齐全、清晰	
1. 店铺管理制度齐全		6. 公司发文通知、传真资料保管清楚	
2. 店铺历史资料整理、归档清楚		7. 店铺营业证件齐全、有效	
3. 店铺各种报表清晰、明了			
综合评价：1. 优秀；2. 合格；3. 不合格			
其他评价：			
店长签字确认		客户签字	检查人签字

表 3－4　业绩提升督导方案书

店铺名称：		填表日期：		填表人：	
一、目前业绩情况					
本月指标		实际完成		完成率	
本年截至上月业绩		去年同期业绩		增长率	
库存量		库存平均回转天数			
二、提升方向					
项目	运用依据	目前存在问题	时间安排	提升后的量化成果	效果确认店长签字
（一）产品重点提升方向					

项目	运用依据	目前存在问题	时间安排	提升后的量化成果	效果确认店长签字
1. 畅销款的数量	根据《期中分析表》的回转率分析，近期需补货的款式				
2. 店员的FAB技能	根据《公司导购手册》进行辅导				
（二）陈列重点提升方向					
1. 季初、季中产品陈列	按照《标准陈列手册》《波段陈列指引》进行陈列				
2. 重点陈列	需了解目前货品的库存情况、未到货清单，进行重点陈列辅导				
（二）陈列重点提升方向					
季末时的陈列	需进行货品的再编辑，可以根据《标准陈列手册》和货品的库存情况进行随机陈列				
橱窗陈列	根据本季公司橱窗和节日橱窗进行布置				
（三）服务重点提升方向					
1. 标准服务八部曲	根据《店铺管理全集》的"标准服务流程"				
（三）服务重点提升方向					
2. 附加推销	根据《周分析报表》得出附加销售率、件单价、客单价				

项目	运用依据	目前存在问题	时间安排	提升后的量化成果	效果确认店长签字
（四）销售技巧					
1. 顾客异议处理	根据《店铺管理全集》的"顾客异议处理"技巧				
2. 成交技巧	利用"成交技巧"进行辅导				
3. 顾问式销售技巧	根据《顾问式销售手册》和DVD				
（五）店务管理					
1. 作业流程	根据《店铺管理全集》的营业前、营业中、营业后流程				
2. 早晚会	根据《店铺管理全集》的"会务制度"				
（六）VIP服务					
1. 标准VIP服务	根据《终端店铺运营手册》的"VIP服务"规定，同时检查VIP水晶牌、VIP服务告知书				
2. VIP个性化服务	生日服务、信息服务等				
（七）促销					
1. 季中滞销款促销	根据《期中分析表》回转率分析，再结合这些回转率异常的产品消化率和贡献度分析，建议目前针对不同款式进行不同的促销方式				

项目	运用依据	目前存在问题	时间安排	提升后的量化成果	效果确认店长签字
2. 季末清货POP	根据公司标准的"季末促销"格式，在当地直接制作				
加盟商确认签字					
督导部主管签字					

附表四：店铺成交分析表

表 3-5　店铺成交分析表

填表人：　　　填表日期：　　　天气：晴/阴/雨　　　属：季初/中/末

测试时间段：　　月　　日　　时　分___　　时　分　共　小时　分					
人流量分析					
从左经过人数			从右经过人数		
合计人流量			进店人数		
进店率			进店率与日常相比		1. 高 2. 中 3. 低
周边品牌名称			与周边品牌相比		1. 高 2. 中 3. 低
原因分析					
试穿人数			试穿率＝试穿数/进店数		
试穿率与日常相比	1. 高 2. 中 3. 低				
原因分析					
每个试穿客户成交分析					
序号	时间段	有无成交（√、×）	成交或不能成交原因		
1			1. 尺码 2. 质量 3. 服务不标准 4. 成交技巧 5. 款式 6. 价格		

序号	时间段	有无成交（√，×）	成交或不能成交原因
2			1. 尺码 2. 质量 3. 服务不标准 4. 成交技巧 5. 款式 6. 价格
3			1. 尺码 2. 质量 3. 服务不标准 4. 成交技巧 5. 款式 6. 价格
4			1. 尺码 2. 质量 3. 服务不标准 4. 成交技巧 5. 款式 6. 价格
5			1. 尺码 2. 质量 3. 服务不标准 4. 成交技巧 5. 款式 6. 价格
6			1. 尺码 2. 质量 3. 服务不标准 4. 成交技巧 5. 款式 6. 价格
7			1. 尺码 2. 质量 3. 服务不标准 4. 成交技巧 5. 款式 6. 价格
8			1. 尺码 2. 质量 3. 服务不标准 4. 成交技巧 5. 款式 6. 价格
9			1. 尺码 2. 质量 3. 服务不标准 4. 成交技巧 5. 款式 6. 价格
10			1. 尺码 2. 质量 3. 服务不标准 4. 成交技巧 5. 款式 6. 价格
11			1. 尺码 2. 质量 3. 服务不标准 4. 成交技巧 5. 款式 6. 价格
12			1. 尺码 2. 质量 3. 服务不标准 4. 成交技巧 5. 款式 6. 价格
13			1. 尺码 2. 质量 3. 服务不标准 4. 成交技巧 5. 款式 6. 价格
14			1. 尺码 2. 质量 3. 服务不标准 4. 成交技巧 5. 款式 6. 价格
15			1. 尺码 2. 质量 3. 服务不标准 4. 成交技巧 5. 款式 6. 价格
16			1. 尺码 2. 质量 3. 服务不标准 4. 成交技巧 5. 款式 6. 价格
17			1. 尺码 2. 质量 3. 服务不标准 4. 成交技巧 5. 款式 6. 价格
18			1. 尺码 2. 质量 3. 服务不标准 4. 成交技巧 5. 款式 6. 价格
19			1. 尺码 2. 质量 3. 服务不标准 4. 成交技巧 5. 款式 6. 价格
20			1. 尺码 2. 质量 3. 服务不标准 4. 成交技巧 5. 款式 6. 价格
21			1. 尺码 2. 质量 3. 服务不标准 4. 成交技巧 5. 款式 6. 价格
22			1. 尺码 2. 质量 3. 服务不标准 4. 成交技巧 5. 款式 6. 价格
23			1. 尺码 2. 质量 3. 服务不标准 4. 成交技巧 5. 款式 6. 价格
成交数		成交率 = 成交数/试穿数	
成交率与日常相比		1. 高 2. 中 3. 低	
成交率与周边品牌相比		1. 高 2. 中 3. 低	

督导工具箱

不能成交原因汇总	尺码	质量	服务不标准	成交技巧	款式	其他
占比						

续销率分析				
成交人数		续销人数		
成交件数		续销件数		
续销率与日常相比	1. 高 2. 中 3. 低			
原因分析				

横向比较分析

（　　　）其他店铺：＿＿＿＿＿＿

进店率	1. 高 2. 中 3. 低	原因		改进方法	
试穿率	1. 高 2. 中 3. 低	原因		改进方法	
成交率	1. 高 2. 中 3. 低	原因		改进方法	
续销率	1. 高 2. 中 3. 低	原因		改进方法	

综合改进意见：
1.
2.

如果产品不能更改情况下，如何提升业绩？具体步骤：
1.
2.

附件五：《（　　　）新开店状况分析表》

表 3－6　　（　　　）新开店状况分析表

填表日期：　　　　　　　　　　　　　　　　　　　　　填表人：

店铺详细地址		城市类型	□直辖市/省会/特区 □地级 □县级 □城镇
店铺联系方式		负责人	

市场商业属性	□一类 □二类 □三类	店铺位置	□街头 □街中 □街尾
店铺人员配置	共　人	店铺属性	□专卖店 □边厅 □中岛
店长及电话		平均月收入	元/月

消费习惯场所：□专卖店 □批发市场 □大型商场 □综合购物中心 □夜市

周边品牌：1.　　　2.　　　3.　　　4.　　　5.

开业业绩	第一天　　元，第二天　　元，第三天　　元

业主对业绩的满意度：1. 很满意 2. 较满意 3. 一般 4. 差

店铺位于街面或商场楼层位置平面图：

现场分析：时间段：（　　）午（　　）点—（　　）点

不同的购买阶段	顾客人数记录		顾客通过率	评价（高/一般/低）
	人数统计（用"正"字统计）	小计		
进店人数			/	
试穿				
成交				
续销				

开店业绩分析：

未来业绩分析：

注：本表回公司后两日内上报。

附件六：每周所属客户销售分析

表 3-7　每周所属客户销售分析

填表日期：　　　　　　　　　填表人：　　　　　属：季初/季中/季末

						合计
城市						
店铺						
天气/温度						/
促销方案						/
销售业绩						
本月累积销售业绩						
卖场库存						
平均客单价						
平均附加销售率						
业绩完成率						
店铺自我业绩评价（好/一般/差）						/
督导评价						
原因分析						
建议调整方法						
实际效果						
备注：						

注： 本表每周一下班前上报。

附件七：《培训、实习总结》

表3−8　培训、实习总结

填表日期：　　　　　　　　　　　　　　　　　　填表人：

本周培训/店铺实习主题	
本周培训/店铺实习时间	

培训/店铺实习收获：

目前存在的问题	拟解决方法	完成时间

督导主管评语：

签字：

日期：

· 201 ·

二、督导岗位管理工具

1. 总部督导中心岗位职责说明

表3-9　督导中心总监岗位说明书

职务编号No：　　　　　　　　　　　　　　　　　　　　　　　　版次：

职务名称	督导中心总监	专业/技术类别	管理
部门	督导中心	直属上级	总经理
直接下属职务/人数			
工作概要	负责监督各分公司、各区域的运营行为与运营活动是否符合公司要求的标准与规范，并及时提供帮助与指导；同时负责监督总部各部门对连锁门店服务的针对性、及时性和有效性		
工作内容	1. 负责完善督导体系，使公司督导体系实现对公司连锁运营标准的监督执行 2. 负责监督各分公司、各区域的运营行为与运营活动是否符合公司要求的标准与规范，并及时提供帮助与指导 3. 负责监督总部各部门对连锁门店服务的针对性、及时性和有效性 4. 负责组织制订本中心的工作目标与计划，并落实实施工作 5. 负责对各下属员工工作的监督、管控、考核及指导 6. 负责对下属员工的专业知识、专业技能的培训与指导 7. 负责组织并建设、完善督导制度、督导方法及操作流程与规范 8. 负责对部门内、部门之间的重大问题、矛盾与纠纷的及时协调与解决		

工作 内容	9. 负责对本部门内工作的统筹、协调及资源配置 10. 完成上级布置的其他工作任务
工作 权限	1. 对公司运营行为及活动的监督与指导、纠正、反馈及建议权 2. 对督导与各部门之间关系的协调权 3. 对本部门所属员工和各项工作的监督、管理、考核权 4. 对直接下级岗位调配的建议权和任用的提名权
任职 资格	**1. 教育背景** • 管理类专业，本科以上学历 • 有连锁零售、家电公司丰富的同类岗位管理经验 **2. 培训经历** • 接受过领导力、执行力以及连锁经营等方面的培训 **3. 经验** • 5 年以上企业管理工作经验，至少 3 年以上连锁企业同类岗位的管理工作经验 **4. 技能技巧** • 熟悉家电连锁企业的运营及业务流程，了解家电行业特性 • 具有督导管理的基本技能 • 在团队管理方面有较强的领导技巧和才能 **5. 态度** • 具有优秀的领导能力、出色的人际交往能力 • 善于协调、沟通，责任心、事业心强
工作 条件	工作场所：办公室　　　　　环境状况：基本舒适 危险性：基本无危险，无职业病危险

直接下属_____　　　间接下属_____

晋升方向_____　　　轮转岗位_____

表 3-10　督导经理岗位说明书

职务编号No：　　　　　　　　　　　　　　　　　　版次：

职务名称	督导经理	专业/技术类别	管理
部门	督导中心	直属上级	督导总监
直接下属职务/人数			

工作概要	负责协助督导总监监督各分公司、各区域、各门店的运营行为与运营活动是否符合公司要求的标准与规范，并及时提供帮助与指导，对违规或不利行为进行纠正或处罚； 同时负责监督总部各部门对连锁门店服务的针对性、及时性和有效性，调查连锁门店的满意度，向对应部门反馈的合理化建议； 负责对各督导专员工作的监督、管控、审核及指导等。
工作内容	1. 负责对公司各部门的运营行为、运营活动的监督、指导、纠正、反馈及建议 2. 负责协助督导总监监督各分公司、各区域、各门店的运营行为与运营活动是否符合公司要求的标准与规范，并及时提供帮助与指导，对违规或不利行为进行纠正或处罚 3. 负责协助督导总监监督总部各部门对连锁门店服务的针对性、及时性和有效性，调查连锁门店的满意度 4. 对所检查到的内容及信息进行汇总分析，组织相关部门的负责人及相关人员落实问题的解决方案，督导协调各部门跟踪问题的解决，有效服务到各区域及连锁门店 5. 向公司反馈门店各阶段实际情况与各项工作执行成效，为公司连锁店的工作方向与提升、改善做建设性建议 6. 负责制定本部门内的工作目标与计划，并落实实施工作 7. 负责对各督导专员工作的监督、管控、考核及指导 8. 负责对部门内各督导专员的专业知识、专业技能的培训与指导 9. 负责建设、完善督导制度、督导方法及操作流程与规范，并落实公司的督导执行工作 10. 不断寻求创新，制定门店各项工作的提升方法和激励方案，促进连锁门店运营能力的全面提升 11. 整合所有连锁店中的优秀工作方法，向所有连锁店进行交流与共享 12. 对搜集到的市场信息、竞争信息等资料，要及时与相关部门沟通与反馈，对市场做出及时、有效的反应 13. 建立督导中心相关信息与资料管理制度 14. 负责对部门内、部门之间的问题、矛盾与纠纷的及时协调与解决 15. 负责对本部门内工作的统筹、协调及资源配置 16. 完成上级布置的其他工作任务
工作权限	1. 对公司运营行为及活动的监督与指导、纠正、反馈及建议权 2. 对督导与各部门之间关系的协调权 3. 对本部门所属员工和各项工作的监督、管理、考核权 4. 对直接下级岗位调配的建议权和任用的提名权

任职资格	1. **教育背景** • 管理类专业，本科以上学历 • 或有连锁零售、家电公司丰富的同类岗位管理经验 2. **培训经历** • 接受过领导力、执行力以及连锁经营等方面的培训 3. **经验** • 3 年以上企业管理工作经验，至少 1 年以上连锁企业同类岗位的管理工作经验 4. **技能技巧** • 熟悉家电连锁企业的运营及业务流程，了解家电行业特性 • 具有督导管理的基本技能 • 在团队管理方面有较强的领导技巧和才能 5. **态度** • 具有优秀的领导能力、出色的人际交往能力 • 善于协调、沟通，责任心、事业心强
工作条件	工作场所：办公室　　　　　环境状况：基本舒适 危险性：基本无危险，无职业病危险

直接下属＿＿＿＿＿＿＿＿＿　　　间接下属＿＿＿＿＿＿＿＿＿

晋升方向＿＿＿＿＿＿＿＿＿　　　轮转岗位＿＿＿＿＿＿＿＿＿

表 3－11　总部督导专员岗位说明书

职务编号No：　　　　　　　　　　　　　　　　　　版次：

职务名称	督导专员	专业/技术类别	
部门	督导中心	直属上级	督导经理
直接下属职务/人数			
工作概要	直接受督导经理的领导，负责监督所辖区域、门店的运营行为与运营活动是否符合公司要求的标准与规范，并及时提供帮助与指导，对违规或不利行为进行纠正或处罚		
工作内容	1. 负责监督所辖区域、分公司的督导行为与督导活动是否符合公司要求的标准与规范，并及时提供帮助与指导，对违规或不利行为进行纠正或处罚 2. 负责监督总部各部门对连锁门店服务的针对性、及时性和有效性，调查连锁门店的满意度		

工作内容	3. 对所检查到的内容及信息进行汇总、分析、上报督导经理，协助督导经理组织相关部门的负责人及相关人员落实问题的解决方案，督导协调各部门跟踪问题的解决 4. 向督导经理反馈所辖区域、分公司各阶段实际情况与各项工作执行成效，为所辖门店的工作方向与提升、改善做建设性建议 5. 负责执行实施本部门的工作目标与计划 6. 负责协助督导经理建设与完善督导制度、督导方法及操作流程与规范，并做好督导执行工作 7. 负责监督所辖区域、门店的运营行为与运营活动是否符合公司要求的标准与规范，并及时提供帮助与指导，对违规或不利行为进行纠正或处罚 8. 对所检查到的内容及信息进行汇总、分析、上报督导经理，协助督导经理组织相关部门的负责人及相关人员落实问题的解决方案 9. 完成上级布置的其他工作任务
工作权限	
任职资格	**1. 教育背景** • 管理类专业，专科以上学历 • 有连锁零售同类岗位督导经验 **2. 培训经历** • 接受过连锁经营、连锁门店管理等方面的培训 **3. 经验** • 有 2 年以上连锁企业相关工作经验 **4. 技能技巧** • 熟悉家电连锁企业的运营及业务流程，了解家电行业特性 • 具有督导管理的基本技能 **5. 态度** • 具有积极的工作心态 • 善于协调、沟通，责任心、事业心强
工作条件	工作场所：办公室　　　　　环境状况：基本舒适 危险性：基本无危险，无职业病危险

直接下属＿＿＿＿＿＿＿＿＿　　间接下属＿＿＿＿＿＿＿＿＿

晋升方向＿＿督导经理＿＿　　轮转岗位＿＿＿＿＿＿＿＿＿

2. 分部督导部门岗位职责说明

表3-12 督导部经理岗位说明书

职务编号№：　　　　　　　　　　　　　　　　　　　　　　　版次：

职务名称	督导部经理	专业/技术类别	管理
部门	督导部	直属上级	分公司总经理
直接下属职务/人数			
工作概要	负责监督分公司各区域、各门店的运营行为与运营活动是否符合公司要求的标准与规范，并及时提供帮助与指导，对违规或不利行为进行纠正或处罚；同时负责监督总部各部门对连锁门店服务的针对性、及时性和有效性，调查连锁门店的满意度，向对应部门反馈的合理化建议		
工作内容	1. 负责对分公司各部门的运营行为、运营活动的监督、指导、纠正、反馈及建议 2. 负责监督分公司各区域、各门店的运营行为与运营活动是否符合公司要求的标准与规范，并及时提供帮助与指导，对违规或不利行为进行纠正或处罚 3. 负责监督分公司各部门对连锁门店服务的针对性、及时性和有效性，调查连锁门店的满意度 4. 对所检查到的内容及信息进行汇总分析，组织相关部门的负责人及相关人员落实问题的解决方案，督导协调各部门跟踪问题的解决，有效服务到各区域及连锁门店 5. 向分公司反馈门店各阶段实际情况与各项工作执行成效，为分公司连锁店的工作方向与提升、改善做建设性建议 6. 负责对各督导专员工作的监督、管控、考核及指导 7. 负责对部门内各督导专员的专业知识、专业技能的培训与指导 8. 负责组织并建设、完善督导制度、督导方法及操作流程与规范，并落实公司的督导执行工作 9. 不断寻求创新，制定门店各项工作的提升方法和激励方案，促进连锁门店运营能力的全面提升 10. 整合连锁店中的优秀工作方法，向连锁店进行交流与共享 11. 对搜集到的市场信息、竞争信息等资料，要及时与相关部门沟通与反馈，对市场做出及时、有效的反应 12. 负责对部门内、部门之间的问题、矛盾与纠纷的及时协调与解决 13. 负责对本部门内工作的统筹、协调及资源配置 14. 完成上级布置的其他工作任务		

工作权限	1. 对分公司运营行为及活动的监督与指导、纠正、反馈及建议权 2. 对督导与各部门之间关系的协调权 3. 对本部门所属员工和各项工作的监督、管理、考核权 4. 对直接下级岗位调配的建议权和任用的提名权
任职资格	**1. 教育背景** • 管理类专业，本科以上学历 • 或有连锁零售、家电公司丰富的同类岗位管理经验 **2. 培训经历** • 接受过领导力、执行力以及连锁经营等方面的培训 **3. 经验** • 3 年以上企业管理工作经验，至少 1 年以上连锁企业同类岗位的管理工作经验 **4. 技能技巧** • 熟悉家电连锁企业的运营及业务流程，了解家电行业特性 • 具有督导管理的基本技能 • 在团队管理方面有较强的领导技巧和才能 **5. 态度** • 具有优秀的领导能力、出色的人际交往能力 • 善于协调、沟通，责任心、事业心强
工作条件	工作场所：办公室　　　　环境状况：基本舒适 危险性：基本无危险，无职业病危险

直接下属＿＿＿督导专员＿＿＿　　　间接下属＿＿＿＿＿＿＿＿

晋升方向＿＿＿＿＿＿＿＿　　　轮转岗位＿＿＿＿＿＿＿＿

表 3－13　分部督导专员岗位说明书

职务编号No：　　　　　　　　　　　　　　　　版次：

职务名称	督导专员	专业/技术类别	
部门	督导部	直属上级	督导部经理
直接下属职务/人数			
工作概要	直接受督导部经理的领导，负责监督所辖区域、门店的运营行为与运营活动是否符合公司要求的标准与规范，并及时提供帮助与指导，对违规或不利行为进行纠正或处罚		

工作内容	1. 负责对所辖区域、门店的运营行为、运营活动的监督、指导、纠正、反馈及建议 2. 负责监督所辖区域、门店的运营行为与运营活动是否符合公司要求的标准与规范，并及时提供帮助与指导，对违规或不行为进行纠正或处罚 3. 对所检查到的内容及信息进行汇总、分析、上报督导经理，协助督导经理组织相关部门的负责人及相关人员落实问题的解决方案，督导协调各部门跟踪问题的解决，有效服务到各区域及连锁门店 4. 向督导经理反馈所辖门店各阶段实际情况与各项工作执行成效，为所辖门店的工作方向与提升、改善做建设性建议 5. 负责执行实施本部门的工作目标与计划 6. 整合所辖门店中的优秀工作方法，向连锁店进行交流与共享 7. 对搜集到的市场信息、竞争信息等资料，要及时与督导经理、相关部门沟通与反馈 8. 把走访门店所检查、搜集的相关信息与资料定期归档 9. 完成上级布置的其他工作任务
工作权限	无
任职资格	**1. 教育背景** • 管理类专业，专科以上学历 • 有连锁零售同类岗位督导经验 **2. 培训经历** • 接受过连锁经营、连锁门店管理等方面的培训 **3. 经验** • 有1年以上连锁企业督导工作经验 **4. 技能技巧** • 熟悉家电连锁企业的运营及业务流程，了解家电行业特性 • 具有督导管理的基本技能 **5. 态度** • 具有积极的工作心态 • 善于协调、沟通，责任心、事业心强
工作条件	工作场所：办公室　　　　环境状况：基本舒适 危险性：基本无危险，无职业病危险

直接下属＿＿＿＿＿＿＿＿＿＿　　　　间接下属＿＿＿＿＿＿＿＿＿＿

督导工具箱

晋升方向＿＿＿＿督导经理＿＿＿＿　　　轮转岗位＿＿＿＿＿＿＿＿＿＿

表3-14　门店督导员岗位说明书（非专职岗位，店员轮流担任）

职务编号No：　　　　　　　　　　　　　　　　　　　　　版次：

职务名称	门店督导员	专业/技术类别	
部门	门店	直属上级	店长
直接下属职务/人数			
工作概要	直接受门店店长的领导，负责全面检查及监督门店各区域陈列、卫生及门店员工服务规范、仪容仪表等；对门店出现的问题要敢于及时地提出并帮助纠正、总结、反馈，并上报门店店长		
工作内容	在转流做门店督导时间内： 1. 能够参与门店管理，起到卖场规范、管理人员的作用 2. 做到全面检查及监督门店各区域陈列、卫生及门店员工服务规范、仪容仪表等 3. 对门店出现的问题要敢于及时地提出并帮助纠正、总结、反馈，并上报门店店长、见习店长 4. 按公司要求并根据实际情况填写好《门店每日督导工作记录表》 5. 监督门店内所有员工的日常训练 6. 执行与督导店长布置的其他交办事项		
工作权限	在做门店督导时，有对门店的运营行为与活动的监督与指导、纠正、反馈及建议权		
任职资格	**1. 教育背景** • 高中以上学历 • 或有连锁零售同类岗位经验 **2. 培训经历** • 接受过连锁经营、连锁门店销售、服务等方面的培训 **3. 经验** • 有连锁企业或电器企业店面销售的工作经验 **4. 技能技巧** • 具有督导管理的基本技能 • 熟悉门店的运营及业务流程，了解行业特性 • 必须由转正后工作时间满三个月或三个月以上的员工担任 **5. 态度** • 敬业，具有积极的工作心态		

任职资格	● 秉承公开、公正、公平工作态度 ● 善于协调、沟通，责任心、事业心强，有良好的合作精神
工作条件	工作场所：门店　　　环境状况：基本舒适 危险性：基本无危险，无职业病危险

直接下属＿＿＿＿＿＿＿＿　　　间接下属＿＿＿＿＿＿＿＿

晋升方向＿＿＿＿＿＿＿＿　　　轮转岗位＿＿＿＿＿＿＿＿

3. 督导绩效考核表

表3-15　市场督导绩效考核表

被考核人姓名		职位	市场督导	部门	营运部
考核人姓名		职位	分公司经理	部门	

序号	项目指标	权重（%）	绩效目标值	考核得分
1	单店＿＿月份销售目标：＿＿万元	20	考核期内店铺销售目标完成＿＿%，总金额：＿＿元	
2	制定终端培训	15	考核期内制定终端培训完成率＿＿%	
3	终端网点巡店	10	考核期内对终端网点巡视完成率＿＿%	
4	终端店铺的评估	10	考核期内必须对终端店铺进行星级评估完成率＿＿%	
5	终端店铺报表提交	10	考核期内对终端店铺的销售数据和分析提供报表完成率＿＿%	
6	店铺陈列和促销活动	10	考核期内对负责店铺进行陈列和促销活动的指导和策划完成率＿＿%	
7	市场的调研	10	考核期内对自己负责的区域进行市场调研工作完成率＿＿%	
8	团队合作情况	5	考核期内与其他部门的配合程度团队合作情况完成率＿＿%	
9	加盟客户满意度	5	考核期内加盟客户的评估和满意度＿＿%	

序号	项目指标	权重（%）	绩效目标值	考核得分
10	上级满意	5	考核期内上级的评价和满意度＿＿％	
本次考核总得分				
考核 指标 说明	1. 考核内容是该职员基本的工作目标 2. 考核总得分将作该职位员工的提成及奖金发放的参考依据 3. 提成参考方式：按直营部实际销售完成总业绩的百分比给予计算提成			
被考核人		**考核人**		**复核人**
签字：　　　日期：		签字：　　　日期：		签字：　　　日期：

4. 督导工作权限说明

（1）督导分类

督导分为专职督导和临时督导二类。

专职督导是指督导事业部的全职督导；临时督导是指因工作需要从其他部门或门店抽调的临时执行督导任务的人员。

（2）督导身份证明

总部督导、各区域督导在执行督导任务时需持公司统一制定的督导证。督导证分为专职督导证和临时督导证两类。督导证由总部营运部统一印制后发放，发放时需有相关记录。

（3）督导的职责权限

● 督导员凭督导证可在任何时间段执行督导任务。

● 督导员凭督导证可以查询门店的进销存系统，可对商品基本资料、库存、周转情况等进行查询并可以对收银情况、金库情况进行检查。

● 督导员具有督导营运事务的权限，在此权限范围内可要求各分店、各部室人员提供相关的营运资料及工作配合。

- 督导员可以顾客的身份对各门店进行检查。但在涉及经营状况、公司内部管理、向各门店负责人反映督导问题、需要相关人员协助等情况时，应主动出示督导员证。

- 当门店人员对督导员的身份表示质疑时应主动出示证件。

（4）级别权限

- 总部督导员凭督导证可在任何一家门店开展督导工作，区域督导员未经总部督导批准，只可对所属区域下属的门店进行督导。

- 总部督导可从区域、门店抽调督导员或其他人员参加公司范围内的督导，但抽调前需征得区域总经理或店总的同意。

- 抽调人员执行督导任务时必须佩戴总部临时督导证。抽调人员视同总部督导员管理。工作任务完成后，总部督导须收回临时督导证。

- 各区域之间互相抽调督导员，须经双方区域总经理批准。在各区域间的抽调任务完成后一周内，各区域须将跨地区督导的目的、计划及完成情况上报总部督导备案。（现阶段，各区域可以尝试各区域间督导的相互调度，以加强交流学习，取长补短，共同进步。）

（5）督导证的使用管理要求

- 督导证只限本人使用，如转借他人使用，将吊销其督导证并追究相关责任。

- 持证人应遵守公司管理规定，在营运督导的权限范围内开展工作。

- 督导员因岗位变动不再担任督导职务时，应将此证归还原发证部门。

- 督导员应妥善保存此证，勿弯折，如损坏或遗失应及时与发证部门联系办理更换或挂失手续。

- 所有督导员必须持证上岗。

三、督导的职业发展分析工具

督导是零售品牌连锁企业的重要岗位，从职业级别来看，它是一个承上启下的环节，做得好就是管理层中的核心，做得不好就是基础中的一员（如图3-1所示）。好与不好，完全取决于自己的定位，而自己的定位取决于自己对职业发展的规划。站在督导的岗位上，我们接触到的太多，想的太多，收获的也会更多。

图3-1 督导的作用

针对于督导岗位的特性，我们给出一系列的表格工具，帮助督导伙伴进行职业发展规划设计，精准定位，从而不断地发展自己，成长自己。

表 3-16　职业规划自我认知工具表

指标	具体内容
我是谁	我来自什么样的家庭、受过什么样的教育、地域和工作背景？这和看问题的角度、工作的动机、喜欢与什么样的人打交道有很强的关系。我是什么样的性格？自己的性格缺陷是什么？自己的性格优点是什么？我有什么样的生活和工作信念与理想？我有哪些优点和缺点？具备能够持续学习的能力吗？具备自学的能力吗？喜欢和人打交道吗？平时喜欢和什么样的人打交道？我拥有什么？还缺少什么？这个方面的欲望有多强烈？我的满意度有多高？对生活质量、对工作环境、对同事的期望、对工作的强度等？我有哪些兴趣和爱好？这些兴趣和爱好与我日常工作的关联性有没有？我容易和人相处吗？我喜欢和什么样的人在一起？我容易被影响吗？我经常影响别人吗？我喜欢钱吗？我喜欢自律和讲原则吗？
我具备哪些先天和后天条件	（先天部分）我长相出众吗？可人吗？端正吗？令人烦吗？喜欢争执吗？为什么？如果将人们分为不同的类别，我属于哪种类型的人？我的家庭是什么样的？对我的影响是什么？我怕什么？不怕什么？我的教育情况和读书喜好？我的经历给予了我什么样的烙印？我天生善于倾听还是善于争执？是内向型的性格还是外向型的性格？ （后天部分）对我的未来意味着什么？
什么会阻止我达到这些或这个目标	我的各种个性上的先天特点（情绪化？喜欢张扬？喜欢沉默？没有耐心？喜欢单独干事情？喜欢和兴趣相投的人在一起共事？害怕独立做事情？）有没有语言障碍和人际沟通障碍？我的独特做人原则和脾性有哪些？碰到各种困难的时候我的态度通常会是什么样的？我对接触新的东西和知识有障碍否？或者对什么样的事情会可能有抵触情绪？
我能否或如何克服这些阻力	我是否在各种情况下能够表现得意志坚定？通过学习我是否可以提升自己的认识和有大的变化？我是否可以通过注意自己的不足来达到一种境界？我的做人信念是否允许自己来达到自己设定的各种目标？我是否在下定决心做一件事情的情况下，可以长期坚持做下去？
用执着的精神和悟性达到自己选定的目标	从做事情和从事一件工作的时间长短来看自己的耐心程度？对别人认为是不可能做成功的事情自己如何去看？在自己的职业生涯和生活中是否有过独辟蹊径的经历？经常会出现对自己所做过的事情觉得有缺憾吗？对自己心仪已久的专业领域，如果没有既往的经历和学历，有决心和能力去通过学习与实践达到掌握和运用它的精髓部分吗？
能力保障	分析表达能力；领导管理能力；自信、勤奋；个性、气质；智商和眼界；自我激励

表 3 – 17　个人基本信息概况表

姓名		性别		出生年月	
学历		婚否		宗教信仰	

教育状况		时间	学校	主修	
	专修				
	自修				

内部环境	项目	描述	总结	
			优势	劣势
	兴趣			
	意志			
	性格			
	气质			
	特长			
	喜好			
	厌恶			

技能	技能项目	掌握机会（场合）

素能	主题	能力程度	素能资质

	时间	单位	行业	岗位
工作经历				

表3－18　个人内部环境分析表

自我探索	个人需要职业价值观	
	职业性格	
	兴趣、爱好、特长	
	情绪、情感、意志力状况	
	已具备经验	
	已具备能力	
	所学专业及主要课程	
	现有外语、计算机水平	
	人际关系状况	
他人评估	关系	评估内容
	亲人	
	老师	
	同学、朋友	
	其他人	
自我分析总结		

表 3 – 19　个人外部环境分析表

外部环境	环境范围	基本状况
家庭环境	经济状况、家人期望、家族文化等以及对本人的影响	
学习环境	学校特色、专业学习、实践经验等	
社会环境	就业形势、就业政策、竞争对手等	
行业分析	行业现状及发展趋势，人业匹配分析	
职业分析	职业的工作内容、工作要求、发展前景，人岗匹配分析	
企业分析	单位类型、企业文化、发展前景、发展阶段、产品服务、员工素质、工作氛围等，人企匹配	
地域分析	工作城市的发展前景、文化特点、气候水土、人际关系等，人城匹配分析	
职业分析小结		

表 3－20　目标职位与自我素质、技能对比总结分析表

内容		当前已达到的水平	现有水平与目标职位的差距
个性要素	责任心		
	独立性		
	自信心		
	坚韧性		
	自我管理能力		
知识素养	理论知识与专业知识		
	行业/政策知识		
	相关知识		
技能/能力	专业技能水平		
	分析能力		
	综合表达能力		
	沟通协调能力		
	学习能力		
	创新能力		
	组织能力		
	人际交往能力		

个人需求分析

以下列出了人们在选择工作时通常会考虑的 9 种因素（见所附工作价值标准）。现请你在其中选出最重要的两项因素，并将填入下面相应空格上。

最重要：＿＿次重要：＿＿最不重要：＿＿次不重要：＿＿

附：工作价值标准

1. 工资高、福利好 2. 工作环境（物质方面）舒适 3. 人际关系良好

4. 工作稳定有保障 5. 能提供较好的受教育机会 6. 有较高的社会地位

7. 工作不太紧张、外部压力少 8. 能充分发挥自己的能力特长 9. 社会需要与社会贡献大

表 3－21　综合前四篇的主要内容得出本人职业定位的 SWOT 分析

	优势因素（S）	弱势因素（W）
内部环境因素		
	机会因素（O）	威胁因素（T）
外部环境因素		
分析结论：		
职业规划	具体描述	
职业目标		
职业发展策略		
职业发展路径		
具体路径		

表 3－22　个人职业生涯实施计划一览表

名称	短期计划
时间跨度	
本期目标	
细分目标	
计划内容（参考）	
策略和措施（参考）	
备注	

名称	中期计划
本期目标	
细分目标	
计划内容 （参考）	
策略和措施 （参考）	
备注	

名称	长期计划
本期目标	
细分目标	
计划内容 （参考）	
策略和措施 （参考）	
备注	

表 3 – 23　三年目标初步规划

内容	达到水平	计划推进具体措施		资源获取途径
		本人因素	组织因素	
业务类				
综合能力类				
其他				

表 3−24　生涯反馈推进表

推进办法	具体描述
努力过程中同事的建议	
同学、朋友对规划落实的评价与建议	
部门领导评价与建议	
成才外因的促进力度	
职业目标修正	
规划步骤、途径及完成标准修正	

推荐作者得新书！
博瑞森征稿启事

亲爱的读者朋友：

感谢您选择了博瑞森图书！希望您手中的这本书能给您带来实实在在的帮助！

博瑞森一直致力于发掘好作者、好内容，希望能把您最需要的思想、方法，一字一句地交到您手中，成为专业知识与管理实践的纽带和桥梁。

但是我们也知道，有很多深入企业一线、经验丰富、乐于分享的优秀专家，或者往来奔波没时间，或者缺少专业的写作指导和便捷的出版途径，只能茫然以待……

还有很多在竞争大潮中坚守的企业，有着异常宝贵的实践经验和独特的闪光点，但缺少专业的记录和整理者，无法让企业的经验和故事被更多的人了解、学习、参考……

这些都太遗憾了！

博瑞森非常希望能将这些埋藏的"宝藏"发掘出来，贡献给广大读者，让更多的人得到帮助。

所以，我们真心地邀请您，我们的老读者，帮助我们一起搜寻：

推荐作者。

可以是您自己或您的朋友，只要对本土管理有实践、有思考；可以是您通过网络、杂志、书籍或其他途径了解的某位专家，不管名气大小，只要他的思想和方法曾让您深受启发。

推荐企业。

可以是您自己所在的企业，或者是您熟悉的某家企业，其创业过程、运营经历、产品研发、机制创新，等等。无论企业大小，只要乐于分享、有值得借鉴书写之处。

总之，好内容就是一切！

博瑞森绝非"自费出书"，出版项目费用完全由我们承担。您推荐的作者或企业案例一经采用，我们会立刻向您赠送书币 100 元，可直接换取任何博瑞森图书的纸质版或电子版。

感谢您对本土管理的支持！感谢您对博瑞森图书的帮助！

推荐邮箱：bookgood@126.com　　　　推荐手机：13611149991

与主编加为好友：　　　　　　　　　　bookgood2000

博瑞森管理图书网：http://www.bracebook.com.cn/index.html

1120 本土管理实践与创新论坛

这是由100多位本土管理专家联合创立的企业管理实践学术交流组织,旨在孵化本土管理思想、促进企业管理实践、加强专家间交流与协作。

论坛每年集中力量办好两件大事:第一,"**出一本书**",汇聚一年的思考和实践,把最原创、最前沿、最实战的内容集结成册,贡献给读者;第二,"**办一次会**",每年11月20日本土管理专家们汇聚一堂,碰撞思想、研讨案例、交流切磋、回馈社会。

论坛理事名单(以年龄为序,以示传承之意)

首届常务理事:

彭志雄	曾 伟	施 炜	杨 涛	张学军	郭 晓
程绍珊	胡八一	王祥伍	李志华	陈立云	杨永华

理　　事:

卢根鑫	王铁仁	周荣辉	曾令同	陆和平	宋杼宸	张国祥	刘承元
曹子祥	宋新宇	吴越舟	吴 坚	戴欣明	仲昭川	刘春雄	刘祖轲
段继东	何 慕	秦国伟	贺兵一	张小虎	郭 剑	余晓雷	黄中强
朱玉童	沈 坤	阎立忠	张 进	丁兴良	朱仁健	薛宝峰	史贤龙
卢 强	史幼波	叶敦明	王明胤	陈 明	岑立聪	方 刚	何足奇
周 俊	杨 奕	孙行健	孙嘉晖	张东利	郭富才	叶 宁	何 屹
沈 奎	王 超	马宝琳	谭长春	夏惊鸣	张 博	李洪道	胡浪球
孙 波	唐江华	程 翔	刘红明	杨鸿贵	伯建新	高可为	李 蓓
王春强	孔祥云	贾同领	罗宏文	史立臣	李政权	余 盛	陈小龙
尚 锋	邢 雷	余伟辉	李小勇	全怀周	初勇钢	陈 锐	高继中
聂志新	黄 屹	沈 拓	徐伟泽	谭洪华	崔自三	王玉荣	蒋 军
侯军伟	黄润霖	金国华	吴 之	葛新红	周 剑	崔海鹏	柏 龑
唐道明	朱志明	曲宗恺	杜 忠	远 鸣	范月明	刘文新	赵晓萌
张 伟	韩 旭	韩友诚	熊亚柱	孙彩军	刘 雷	王庆云	李少星
俞士耀	丁 昀	黄 磊	罗晓慧	伏泓霖	梁小平	鄢圣安	

企业案例·老板传记

书名·作者	内容/特色	读者价值
娃哈哈区域标杆：豫北市场营销实录 罗宏文　赵晓萌　等著	本书从区域的角度来写娃哈哈河南分公司豫北市场是怎么进行区域市场营销，成为娃哈哈全国第一大市场、全国增量第一高市场的一些操作方法	参考性、指导性，一线真实资料
像六个核桃一样：打造畅销品的36个简明法则 王超 范萍 著	本书分上下两篇：包括"六个核桃"的营销战略历程和36条畅销法则	知名企业的战略历程极具参考价值，36条法则提供操作方法
六个核桃凭什么：从0过100亿 张学军 著	首部全面揭秘养元六个核桃裂变式成长的巨著	学习优秀企业的成长路径，了解其背后的理论体系
借力咨询：德邦成长背后的秘密 官同良 王祥伍 著	讲述德邦是如何借助咨询公司的力量进行自身 与发展的	来自德邦内部的第一线资料，真实、珍贵，令人受益匪浅
解决方案营销实战案例 刘祖轲 著	用10个真案例讲明白什么是工业品的解决方案式营销，实战、实用	有干货，真正操作过的才能写得出来
招招见销量的营销常识 刘文新 著	如何让每一个营销动作都直指销量	适合中小企业，看了就能用
我们的营销真案例 联纵智达研究院 著	五芳斋粽子从区域到全国/诺贝尔瓷砖门店销量提升/利豪家具出口转内销/汤臣倍健的营销模式	选择的案例都很有代表性，实在、实操！
中国营销战实录：令人拍案叫绝的营销真案例 联纵智达 著	51个案例，42家企业，38万字，18年，累计2000余人次参与……	最真实的营销案例，全是一线记录，开阔眼界
双剑破局：沈坤营销策划案例集 沈坤 著	双剑公司多年来的精选案例解析集，阐述了项目策划中每一个营销策略的诞生过程，策划角度和方法	一线真实案例，与众不同的策划角度令人拍案叫绝、受益匪浅
宗：一位制造业企业家的思考 杨涛 著	1993年创业，引领企业平稳发展20多年，分享独到的心得体会	难得的一本老板分享经验的书
简单思考：AMT咨询创始人自述 孔祥云 著	著名咨询公司（AMT）的CEO创业历程中点点滴滴的经验与思考	每一位咨询人，每一位创业者和管理经营者，都值得一读
边干边学做老板 黄中强 著	创业20多年的老板，有经验、能写、又愿意分享，这样的书很少	处处共鸣，帮助中小企业老板少走弯路
三四线城市超市如何快速成长：解密甘雨亭 IBMG国际商业管理集团 著	国内外标杆企业的经验＋本土实践量化数据＋操作步骤、方法	通俗易懂，行业经验丰富，宝贵的行业量化数据，关键思路和步骤
中国首家未来超市：解密安徽乐城 IBMG国际商业管理集团 著	本书深入挖掘了安徽乐城超市的试验案例，为零售企业未来的发展提供了一条可借鉴之路	通俗易懂，行业经验丰富，宝贵的行业量化数据，关键思路和步骤

互联网＋

书名·作者	内容/特色	读者价值
互联网时代的银行转型 韩友诚 著	以大量案例形式为读者全面展示和分析了银行的互联网金融转型应对之道	结合本土银行转型发展案例的书籍
正在发生的转型升级·实践 本土管理实践与创新论坛 著	企业在快速变革期所展现出的管理变革新成果、新方法、新案例	重点突出对于未来企业管理相关领域的趋势研判
触发需求：互联网新营销样本·水产 何足奇 著	传统产业都在苦闷中挣扎前行，本书通过鲜活的案例告诉你如何以需求链整合供应链，从而把大家熟知的传统行业打碎了重构、重做一遍	全是干货，值得细读学习，并且作者的理论已经经过了他亲自操刀的实践检验，效果惊人，就在书中全景展示
移动互联新玩法：未来商业的格局和趋势 史贤龙 著	传统商业、电商、移动互联，三个世界并存，这种新格局的玩法一定要懂	看清热点的本质，把握行业先机，一本书搞定移动互联网

	书名·作者	内容/特色	读者价值
互联网+	微商生意经:真实再现33个成功案例操作全程 伏泓霖 罗晓慧 著	本书为33个真实案例,分享案例主人公在做微商过程中的经验教训	案例真实,有借鉴意义
	阿里巴巴实战运营——14招玩转诚信通 聂志新 著	本书主要介绍阿里巴巴诚信通的十四个基本推广操作,从而帮助使用诚信通的用户及企业更好地提升业绩	基本操作,很多可以边学边用,简单易学
	今后这样做品牌:移动互联时代的品牌营销策略 蒋军 著	与移动互联紧密结合,告诉你老方法还能不能用,新方法怎么用	今后这样做品牌就对了
	互联网+"变"与"不变":本土管理实践与创新论坛集萃·2016 本土管理实践与创新论坛 著	本土管理领域正在产生自己独特的理论和模式,尤其在移动互联时代,有很多新课题需要本土专家们一起研究	帮助读者拓宽眼界、突破思维
	创造增量市场:传统企业互联网转型之道 刘红明 著	传统企业需要用互联网思维去创造增量,而不是用电子商务去转移传统业务的存量	教你怎么在"互联网+"的海洋中创造实实在在的增量
	重生战略:移动互联网和大数据时代的转型法则 沈拓 著	在移动互联网和大数据时代,传统企业转型如同生命体打算与再造,称之为"重生战略"	帮助企业认清移动互联网环境下的变化和应对之道
	画出公司的互联网进化路线图:用互联网思维重塑产品、客户和价值 李蓓 著	18个问题帮助企业一步步梳理出互联网转型思路	思路清晰、案例丰富,非常有启发性
	7个转变,让公司3年胜出 李蓓 著	消费者主权时代,企业该怎么办	这就是互联网思维,老板有能这样想,肯定倒不了
	跳出同质思维,从跟随到领先 郭剑 著	66个精彩案例剖析,帮助老板突破行业长期思维惯性	做企业竟然有这么多玩法,开眼界

行业类:零售、白酒、食品/快消品、农业、医药、建材家居等

	书名·作者	内容/特色	读者价值
零售·超市·餐饮·服装·汽车	1. 总部有多强大,门店就能走多远 2. 超市卖场定价策略与品类管理 3. 连锁零售企业招聘与培训破解之道 4. 中国首家未来超市:解密安徽乐城 5. 三四线城市超市如何快速成长:解密甘雨亭 IBMG国际商业管理集团 著	国内外标杆企业的经验+本土实践量化数据+操作步骤、方法	通俗易懂,行业经验丰富,宝贵的行业量化数据,关键思路和步骤
	涨价也能卖到翻 村松达夫 【日】	提升客单价的15种实用、有效的方法	日本企业在这方面非常值得学习和借鉴
	移动互联时代的超市升级 联商网 著	深度解析超市转型升级重点	帮助零售企业把握全局、看清方向
	手把手教你做专业督导:专卖店、连锁店 熊亚柱 著	从督导的职能、作用,在工作中需要的专业技能、方法,都提供了详细的解读和训练办法,同时附有大量的表单工具	无论是店铺需要统一培训,还是个人想成为优秀的督导,有这一本就够了
	零售:把客流变成购买力 丁昀 著	如何通过不断升级产品和体验式服务来经营客流	如何进行体验营销,国外的好经营,这方面有启发
	餐饮企业经营策略第一书 吴坚 著	分别从产品、顾客、市场、盈利模式等几个方面,对现阶段餐饮企业的发展提出策略和思路	第一本专业的、高端的餐饮企业经营指导书
	赚不赚钱靠店长:从懂管理到会经营 孙彩军 著	通过生动的案例来进行剖析,注重门店管理细节方面的能力提升	帮助终端门店店长在管理门店的过程中实现经营思路的拓展与突破

	汽车配件这样卖:汽车后市场销售秘诀100条 俞士耀 著	汽配销售业务员必读,手把手教授最实用的方法,轻松得来好业绩	快速上岗,专业实效,业绩无忧
耐消品	跟行业老手学经销商开发与管理:家电、耐消品、建材家居 黄润霖 著	全部来源于经销商管理的一线问题,作者用丰富的经验将每一个问题落实到最便捷快速的操作方法上去	书中每一个问题都是普通营销人亲口提出的,这些问题你也会遇到,作者进行的解答则精彩实用
白酒	变局下的白酒企业重构 杨永华 著	帮助白酒企业从产业视角看清趋势,找准位置,实现弯道超车的书	行业内企业要减少90%,自己在什么位置,怎么做,都清楚了
	1. 白酒营销的第一本书(升级版) 2. 白酒经销商的第一本书 唐江华 著	华泽集团湖南开口笑公司品牌部长,擅长酒类新品推广、新市场拓展	扎根一线,实战
	区域型白酒企业营销必胜法则 朱志明 著	为区域型白酒企业提供35条必胜法则,在竞争中赢销的葵花宝典	丰富的一线经验和深厚积累,实操实用
	10步成功运作白酒区域市场 朱志明 著	白酒区域操盘者必备,掌握区域市场运作的战略、战术、兵法	在区域市场的攻伐防守中运筹帷幄,立于不败之地
	酒业转型大时代:微酒精选2014－2015 微酒 主编	本书分为五个部分:当年大事件、那些酒业营销工具、微酒独立策划、业内大调查和十大经典案例	了解行业新动态、新观点,学习营销方法
快消品·食品	乳业营销第一书 侯军伟 著	对区域乳品企业生存发展关键性问题的梳理	唯一的区域乳业营销书,区域乳品企业一定要看
	食用油营销第一书 余盛 著	10多年油脂企业工作经验,从行业到具体实操	食用油行业第一书,当之无愧
	中国茶叶营销第一书 柏夔 著	如何跳出茶行业"大文化小产业"的困境,作者给出了自己的观察和思考	不是传统做茶的思路,而是现在商业做茶的思路
	调味品营销第一书 陈小龙 著	国内唯一一本调味品营销的书	唯一的调味品营销的书,调味品的从业者一定要看
	快消品营销人的第一本书:从入门到精通 刘雷 伯建新 著	快消行业必读书,从入门到专业	深入细致,易学易懂
	变局下的快消品营销实战策略 杨永华 著	通胀了,成本增加,如何从被动应战变成主动的"系统战"	作者对快消品行业非常熟悉、非常实战
	快消品经销商如何快速做大 杨永华 著	本书完全从实战的角度,评述现象,解析误区,揭示原理,传授方法	为转型期的经销商提供了解决思路,指出了发展方向
	一位销售经理的工作心得 蒋军 著	一线营销管理人员想提升业绩却无从下手时,可以看看这本书	一线的真实感悟
	快消品营销:一位销售经理的工作心得2 蒋军 著	快消品、食品饮料营销的经验之谈,重点图书	来源与实战的精华总结
	快消品营销与渠道管理 谭长春 著	将快消品标杆企业渠道管理的经验和方法分享出来	可口可乐、华润的一些具体的渠道管理经验,实战
	成为优秀的快消品区域经理 伯建新 著	37个"怎么办"分析区域经理的工作关键点	可以作为区域经理的'速成催化器'
	销售轨迹:一位快消品营销总监的拼搏之路 秦国伟 著	本书讲述了一个普通销售员打拼成为跨国企业营销总监的真实奋斗历程	激励人心,给广大销售员以力量和鼓舞
	快消老手都在这样做:区域经理操盘锦囊 方刚 著	非常接地气,全是多年沉淀下来的干货,丰富的一线经验和实操方法不可多得	在市场摸爬滚打的"老油条",那些独家绝招妙招一般你都是问不来的
	动销四维:全程辅导与新品上市 高继中 著	从产品、渠道、促销和新品上市详细讲解提高动销的具体方法,总结作者18年的快消品行业经验,方法实操	内容全面系统,方法实操

分类	书名	内容简介	推荐语
农业	中小农业企业品牌战法 韩旭 著	将中小农业企业品牌建设的方法,从理论讲到实践,具有指导性	全面把握品牌规划,传播推广,落地执行的具体措施
	农资营销实战全指导 张博 著	农资如何向"深度营销"转型,从理论到实践进行系统剖析,经验资深	朴实、使用!不可多得的农资营销实战指导
	农产品营销第一书 胡浪球 著	从农业企业战略到市场开拓、营销、品牌、模式等	来源于实践中的思考,有启发
	变局下的农牧企业9大成长策略 彭志雄 著	食品安全、纵向延伸、横向联合、品牌建设……	唯一的农牧企业经营实操的书,农牧企业一定要看
医药	新医改下的医药营销与团队管理 史立臣 著	探讨新医改对医药行业的系列影响和医药团队管理	帮助理清思路,有一个框架
	医药营销与处方药学术推广 马宝琳 著	如何用医学策划把"平民产品"变成"明星产品"	有真货、讲真话的作者,堪称处方药营销的经典!
	新医改了,药店就要这样开 尚锋 著	药店经营、管理、营销全攻略	有很强的实战性和可操作性
	电商来了,实体药店如何突围 尚锋 著	电商崛起,药店该如何突围?本书从促销、会员服务、专业性、客单价等多重角度给出了指导方向	实战攻略,拿来就能用
	在中国,医药营销这样做:时代方略精选文集 段继东 主编	专注于医药营销咨询15年,将医药营销方法的精华文章合编,深入全面	可谓医药营销领域的顶尖著作,医药界读者的必读书
	OTC医药代表药店销售36计 鄢圣安 著	以《三十六计》为线,写OTC医药代表向药店销售的一些技巧与策略	案例丰富,生动真实,实操性强
	OTC医药代表药店开发与维护 鄢圣安 著	要做到一名专业的医药代表,需要做什么、准备什么、知识储备、操作技巧等	医药代表药店拜访的指导手册,手把手教你快速上手
	引爆药店成交率1:店员导购实战 范月明 著	一本书解决药店导购所有难题	情景化、真实化、实战化
	引爆药店成交率2:经营落地实战 范月明 著	最接地气的经营方法全指导	揭示了药店经营的几类关键问题
	医药企业转型升级战略 史立臣 著	药企转型升级有5大途径,并给出落地步骤及风险控制方法	实操性强,有作者个人经验总结及分析
建材家居	建材家居营销实务 程绍珊 杨鸿贵 主编	价值营销运用到建材家居,每一步都让客户增值	有自己的系统、实战
	建材家居门店销量提升 贾同领 著	店面选址、广告投放、推广助销、空间布局、生动展示、店面运营等	门店销量提升是一个系统工程,非常系统、实战
	10步成为最棒的建材家居门店店长 徐伟泽 著	实际方法易学易用,让员工能够迅速成长,成为独当一面的好店长	只要坚持这样干,一定能成为好店长
	手把手帮建材家居导购业绩倍增:成为顶尖的门店店员 熊亚柱 著	生动的表现形式,让普通人也能成为优秀的导购员,让门店业绩长红	读着有趣,用着简单,一本在手、业绩无忧
	建材家居经销商实战42章经 王庆云 著	告诉经销商:老板怎么当、团队怎么带、生意怎么做	忠言逆耳,看着不舒服就对了,实战总结,用一招半式就值了
工业品	销售是门专业活:B2B、工业品 陆和平 著	销售流程就应该跟着客户的采购流程和关注点的变化向前推进,将一个完整的销售过程分成十个阶段,提供具体方法	销售不是请客吃饭拉关系,是个专业的活计!方法在手,走遍天下不愁
	解决方案营销实战案例 刘祖轲 著	用10个真案例讲明白什么是工业品的解决方案式营销,实战、实用	有干货、真正操作过的才能写得出来

	书名·作者	内容/特色	读者价值
工业品	变局下的工业品企业7大机遇 叶敦明 著	产业链条的整合机会、盈利模式的复制机会、营销红利的机会、工业服务商转型机会……	工业品企业还可以这样做,思维大突破
	工业品市场部实战全指导 杜忠 著	工业品市场部经理工作内容全指导	系统、全面、有理论、有方法,帮助工业品市场部经理更快提升专业能力
	工业品营销管理实务 李洪道 著	中国特色工业品营销体系的全面深化、工业品营销管理体系优化升级	工具更实战,案例更鲜活,内容更深化
	工业品企业如何做品牌 张东利 著	为工业品企业提供最全面的品牌建设思路	有策略、有方法、有思路、有工具
	丁兴良讲工业4.0 丁兴良 著	没有枯燥的理论和说教,用朴实直白的语言告诉你工业4.0的全貌	工业4.0是什么?本书告诉你答案
	资深大客户经理:策略准,执行狠 叶敦明 著	从业务开发、发起攻势、关系培育、职业成长四个方面,详述了大客户营销的精髓	满满的全是干货
	一切为了订单:订单驱动下的工业品营销实战 唐道明 著	其实,所有的企业都在围绕着两个字在开展全部的经营和管理工作,那就是"订单"	开发订单、满足订单、扩大订单。本书全是实操方法,字字珠玑,句句干货,教你获得营销的胜利
金融	交易心理分析 (美)马克·道格拉斯 著 刘真如 译	作者一语道破赢家的思考方式,并提供了具体的训练方法	不愧是投资心理的第一书,绝对经典
	精品银行管理之道 崔海鹏 何屹 主编	中小银行转型的实战经验总结	中小银行的教材很多,实战类的书很少,可以看看
	支付战争 Eric M. Jackson 著 徐彬 王晓 译	PayPal创业期营销官,亲身讲述PayPal从诞生到壮大到成功出售的整个历史	激烈、有趣的内幕商战故事!了解美国支付市场的风云巨变
房地产	产业园区/产业地产规划、招商、运营实战 阎立忠 著	目前中国第一本系统解读产业园区和产业地产建设运营的实战宝典	从认知、策划、招商到运营全面了解地产策划
	人文商业地产策划 戴欣明 著	城市与商业地产战略定位的关键是不可复制性,要发现独一无二的"味道"	突破千城一面的策划困局
	电影院的下一个黄金十年:开发·差异化·案例 李保煜 著	对目前电影院市场存大的问题及如何解决进行了探讨与解读	多角度了解电影院运营方式及代表性案例

经营类:企业如何赚钱,如何抓机会,如何突破,如何"开源"

	书名·作者	内容/特色	读者价值
抓方向	让经营回归简单·升级版 宋新宇 著	化繁为简抓住经营本质:战略、客户、产品、员工、成长	经典,做企业就这几个关键点!
	活系统:跟任正非学当老板 孙行健 尹贤 著	以任正非的独到视角,教企业老板如何经营公司	看透公司经营本质,激活企业活力
	公司由小到大要过哪些坎 卢强 著	老板手里的一张"企业成长路线图"	现在我在哪儿,未来还要走哪些路,都清楚了
	企业二次创业成功路线图 夏惊鸣 著	企业曾经抓住机会成功了,但下一步该怎么办?	企业怎样获得第二次成功,心里有个大框架了
	老板经理人双赢之道 陈明 著	经理人怎养选平台、怎么开局,老板怎样选/育/用/留	老板生闷气,经理人牢骚大,这次知道该怎么办了
	简单思考:AMT咨询创始人自述 孔祥云 著	著名咨询公司(AMT)的CEO创业历程中点点滴滴的经验与思考	每一位咨询人,每一位创业者和管理经营者,都值得一读
	企业文化的逻辑 王祥伍 黄健江 著	为什么企业绩效如此不同,解开绩效背后的文化密码	少有的深刻,有品质,读起来很流畅
	使命驱动企业成长 高可为 著	钱能让一个人今天努力,使命能让一群人长期努力	对于想做事业的人,'使命'是绕不过去的

	书名·作者	内容/特色	读者价值
思维突破	移动互联新玩法：未来商业的格局和趋势 史贤龙 著	传统商业、电商、移动互联，三个世界并存，这种新格局的玩法一定要懂	看清热点的本质，把握行业先机，一本书搞定移动互联网
	画出公司的互联网进化路线图：用互联网思维重塑产品、客户和价值 李蓓 著	18个问题帮助企业一步步梳理出互联网转型思路	思路清晰、案例丰富，非常有启发性
	重生战略：移动互联网和大数据时代的转型法则 沈拓 著	在移动互联网和大数据时代，传统企业转型如同生命体打算与再造，称之为"重生战略"	帮助企业认清移动互联网环境下的变化和应对之道
	创造增量市场：传统企业互联网转型之道 刘红明 著	传统企业需要用互联网思维去创造增量，而不是用电子商务去转移传统业务的存量	教你怎么在"互联网+"的海洋中创造实实在在的增量
	7个转变，让公司3年胜出 李蓓 著	消费者主权时代，企业该怎么办	这就是互联网思维，老板有能这样想，肯定倒不了
	跳出同质思维，从跟随到领先 郭剑 著	66个精彩案例剖析，帮助老板突破行业长期思维惯性	做企业竟然有这么多玩法，开眼界
	麻烦就是需求　难题就是商机 卢根鑫 著	如何借助客户的眼睛发现商机	什么是真商机，怎么判断、怎么抓，有借鉴
	互联网+"变"与"不变"：本土管理实践与创新论坛集萃·2016 本土管理实践与创新论坛 著	加速本土管理思想的孕育诞生，促进本土管理创新成果更好地服务企业、贡献社会	各个作者本年度最新思想，帮助读者拓宽眼界、突破思维
财务	写给企业家的公司与家庭财务规划——从创业成功到富足退休 周荣辉 著	本书以企业的发展周期为主线，写各阶段企业与企业主家庭的财务规划	为读者处理人生各阶段企业与家庭的财务问题提供建议及方法，让家庭成员真正享受财富带来的益处
	互联网时代的成本观 程翔 著	本书结合互联网时代提出了成本的多维观，揭示了多维组合成本的互联网精神和大数据特征，论述了其产生背景、实现思路和应用价值	在传统成本观下为盈利的业务，在新环境下也许就成为亏损业务。帮助管理者从新的角度来看待成本，进一步做好精益管理

管理类：效率如何提升，如何实现经营目标，如何"节流"

	书名·作者	内容/特色	读者价值
通用管理	1. 让管理回归简单·升级版 2. 让经营回归简单·升级版 3. 让用人回归简单 宋新宇 著	宋博士的"简单"三部曲，影响20万读者，非常经典	被读者热情地称作"中小企业的管理圣经"
	员工心理学超级漫画版 邢雷 著	以漫画的形式深度剖析员工心理	帮助管理者更了解员工，从而更轻松地管理员工
	分股合心：股权激励这样做 段磊 周剑 著	通过丰富的案例，详细介绍了股权激励的知识和实行方法	内容丰富全面、易读易懂，了解股权激励，有这一本就够了
	边干边学做老板 黄中强 著	创业20多年的老板，有经验、能写、又愿意分享，这样的书很少	处处共鸣，帮助中小企业老板少走弯路
	中国式阿米巴落地实践之从交付到交易 胡八一 著	本书主要讲述阿米巴经营会计，"从交付到交易"，这是成功实施了阿米巴的标志	阿米巴经营会计的工作是有逻辑关联的，一本书就能搞定
	阿米巴经营的中国模式 李志华 著	让员工从"要我干"到"我要干"，价值量化出来	阿米巴在企业如何落地，明白思路
	中国式阿米巴落地实践之激活组织 胡八一 著	重点讲解如何科学划分阿米巴单元，阐述划分的实操要领、思路、方法、技术与工具	最大限度减少"推行风险"和"摸索成本"，利于公司成功搭建适合自身的个性化阿米巴经营体系
	欧博心法：好管理靠修行 曾伟 著	用佛家的智慧，深刻剖析管理问题，见解独到	如果真的有'中国式管理'，曾老师是其中标志性人物

流程管理	1. 用流程解放管理者 2. 用流程解放管理者2 张国祥 著	中小企业阅读的流程管理、企业规范化的书	通俗易懂,理论和实践的结合恰到好处
	跟我们学建流程体系 陈立云 著	畅销书《跟我们学做流程管理》系列,更实操,更细致,更深入	更多地分享实践,分享感悟,从实践总结出来的方法论
质量管理	五大质量工具详解及运用案例:APQP/FMEA/PPAP/MSA/SPC 谭洪华 著	对制造业必备的五大质量工具中每个文件的制作要求、注意事项、制作流程、成功案例等进行了解读	通俗易懂,简便易行,能真正实现学以致用
	1. ISO9001:2015新版质量管理体系详解与案例文件汇编 2. ISO14001:2015新版环境管理体系详解与案例文件汇编 谭洪华 著	紧密围绕2015新版,逐条详细解读,工具也可以直接套用,易学易上手	企业认证、内审必备
战略落地	重生——中国企业的战略转型 施炜 著	从前瞻和适用的角度,对中国企业战略转型的方向、路径及策略性举措提出了一些概要性的建议和意见	对企业有战略指导意义
	公司大了怎么管:从靠英雄到靠组织 AMT 金国华 著	第一次详尽阐释中国快速成长型企业的特点、问题及解决之道	帮助快速成长型企业领导及管理团队理清思路,突破瓶颈
	低效会议怎么改:每年节省一半会议成本的秘密 AMT 王玉荣 著	教你如何系统规划公司的各级会议,一本工具书	教会你科学管理会议的办法
战略落地	年初订计划,年尾有结果:战略落地七步成诗 AMT 郭晓 著	7个步骤教会你怎么让公司制定的战略转变为行动	系统规划,有效指导计划实现
人力资源	回归本源看绩效 孙波 著	让绩效回顾"改进工具"的本源,真正为企业所用	确实是来源于实践的思考,有共鸣
	世界500强资深培训经理人教你做培训管理 陈锐 著	从7大角度具体细致地讲解了培训管理的核心内容	专业、实用、接地气
	曹子祥教你做激励性薪酬设计 曹子祥 著	以激励性为指导,系统性地介绍了薪酬体系及关键岗位的薪酬设计模式	深入浅出,一本书学会薪酬设计
	曹子祥教你做绩效管理 曹子祥 著	复杂的理论通俗化,专业的知识简单化,企业绩效管理共性问题的解决方案	轻松掌握绩效管理
人力资源	把招聘做到极致 远鸣 著	作为世界500强高级招聘经理,作者数十年招聘经验的总结分享	带来职场思考境界的提升和具体招聘方法的学习
	人才评价中心.超级漫画版 邢雷 著	专业的主题,漫画的形式,只此一本	没想到一本专业的书,能写成这效果
	走出薪酬管理误区 全怀周 著	剖析薪酬管理的8大误区,真正发挥好枢纽作用	值得企业深读的实用教案
	集团化人力资源管理实践 李小勇 著	对搭建集团化的企业很有帮助,务实,实用	最大的亮点不是理论,而是结合实际的深入剖析
	我的人力资源咨询笔记 张伟 著	管理咨询师的视角,思考企业的HR管理	通过咨询师的眼睛对比很多企业,有启发
	本土化人力资源管理8大思维 周剑 著	成熟HR理论,在本土中小企业实践中的探索和思考	对企业的现实困境有真切体会,有启发

分类	书名	内容	评价
企业文化	HRBP 是这样炼成的之"菜鸟起飞" 新海 著	以小说的形式,具体解析 HRBP 的职责,应该如何操作,如何为业务服务	实践者的经验分享,内容实务具体,形式有趣
	华夏基石方法:企业文化落地本土实践 王祥伍 谭俊峰 著	十年积累、原创方法、一线资料,和盘托出	在文化落地方面真正有洞察,有实操价值的书
	企业文化的逻辑 王祥伍 著	为什么企业之间如此不同,解开绩效背后的文化密码	少有的深刻,有品质,读起来很流畅
	企业文化激活沟通 宋籽宸 安琪 著	透过新任 HR 总经理的眼睛,揭示出沟通与企业文化的关系	有实际指导作用的文化落地读本
	在组织中绽放自我:从专业化到职业化 朱仁健 王祥伍 著	个人如何融入组织,组织如何助力个人成长	帮助企业员工快速认同并投入到组织中去,为企业发展贡献力量
	企业文化定位·落地一本通 王明胤 著	把高深枯燥的专业理论创建成一套系统化、实操化、简单化的企业文化缔造方法	对企业文化不了解,不会做? 有这一本从概念到实操,就够了
生产管理	高员工流失率下的精益生产 余伟辉 著	中国的精益生产必须面对和解决高员工流失问题	确实来源于本土的工厂车间,很务实
	车间人员管理那些事儿 岑立聪 著	车间人员管理中处理各种"疑难杂症"的经验和方法	基层车间管理者最闹心、头疼的事,'打包'解决
	1. 欧博心法:好管理靠修行 2. 欧博心法:好工厂这样管 曾伟 著	他是本土最大的制造业管理咨询机构创始人,他从 400 多个项目、上万家企业实践中锤炼出的欧博心法	中小制造型企业,一定会有很强的共鸣
生产管理	欧博工厂案例 1:生产计划管控对话录 欧博工厂案例 2:品质技术改善对话录 欧博工厂案例 3:员工执行力提升对话录 曾伟 著	最典型的问题、最详尽的解析,工厂管理 9 大问题 27 个经典案例	没想到说得这么细,超出想象,案例很典型,照搬都可以了
	苦中得乐:管理者的第一堂必修课 曾伟 编著	曾伟与师傅大愿法师的对话,佛学与管理实践的碰撞,管理禅的修行之道	用佛学最高智慧看透管理
	比日本工厂更高效 1:管理提升无极限 刘承元 著	指出制造型企业管理的六大积弊;颠覆流行的错误认知;掌握精益管理的精髓	每一个企业都有自己不同的问题,管理没有一剑封喉的秘笈,要从现场、现物、现实出发
	比日本工厂更高效 2:超强经营力 刘承元 著	企业要获得持续盈利,就要开源和节流,即实现销售最大化,费用最小化	掌握提升工厂效率的全新方法
	比日本工厂更高效 3:精益改善力的成功实践 刘承元 著	工厂全面改善系统有其独特的目的取向特征,着眼于企业经营体质(持续竞争力)的建设与提升	用持续改善力来飞速提升工厂的效率,高效率能够带来意想不到的高效益
	3A 顾问精益实践 1:IE 与效率提升 党新民 苏迎斌 蓝旭日 著	系统的阐述了 IE 技术的来龙去脉以及操作方法	使员工与企业持续获利
	3A 顾问精益实践 2:JIT 与精益改善 肖志军 党新民 著	只在需要的时候,按需要的量,生产所需的产品	提升工厂效率

分类	书名·作者	内容/特色	读者价值
员工素质提升	手把手教你做专业督导：专卖店、连锁店 熊亚柱 著	从督导的职能、作用，在工作中需要的专业技能、方法，都提供了详细的解读和训练办法，同时附有大量的表单工具	无论是店铺需要统一培训，还是个人想成为优秀的督导，有这一本就够了
	跟老板"偷师"学创业 吴江萍 余晓雷 著	边学边干，边观察边成长，你也可以当老板	不同于其他类型的创业书，让你在工作中积累创业经验，一举成功
	销售轨迹：一位快消品营销总监的拼搏之路 秦国伟 著	本书讲述了一个普通销售员打拼成为跨国企业营销总监的真实奋斗历程	激励人心，给广大销售员以力量和鼓舞
	在组织中绽放自我：从专业化到职业化 朱仁健 王祥伍 著	个人如何融入组织，组织如何助力个人成长	帮助企业员工快速认同并投入到组织中去，为企业发展贡献力量
	企业员工弟子规：用心做小事，成就大事业 贾同领 著	从传统文化《弟子规》中学习企业中为人处事的办法，从自身做起	点滴小事，修养自身，从自身的改善得到事业的提升
	手把手教你做顶尖企业内训师：TTT培训师宝典 熊亚柱 著	从课程研发到现场把控、个人提升都有涉及，易读易懂，内容丰富全面	想要做企业内训师的员工有福了，本书教你如何抓住关键，从入门到精通

营销类：把客户需求融入企业各环节，提供"客户认为"有价值的东西

分类	书名·作者	内容/特色	读者价值
营销模式	动销操盘：节奏掌控与社群时代新战法 朱志明 著	在社群时代把握好产品生产销售的节奏，解析动销的症结，寻找动销的规律与方法	都是易读易懂的干货！对动销方法的全面解析和操盘
	变局下的营销模式升级 程绍珊 叶宁 著	客户驱动模式、技术驱动模式、资源驱动模式	很多行业的营销模式被颠覆，调整的思路有了！
	卖轮子 科克斯【美】	小说版的营销学！营销理念巧妙贯穿其中，贵在既有趣，又有深度	经典、有趣！一个故事读懂营销精髓
	弱势品牌如何做营销 李政权 著	中小企业虽有品牌但没名气，营销照样能做的有声有色	没有丰富的实操经验，写不出这么具体、详实的案例和步骤，很有启发
营销模式	老板如何管营销 史贤龙 著	高段位营销16招，好学好用	老板能看，营销人也能看
	动销：产品是如何畅销起来的 吴江萍 余晓雷 著	真真切切告诉你，产品究竟怎么才能卖出去	击中痛点，提供方法，你值得拥有
销售	资深大客户经理：策略准，执行狠 叶敦明 著	从业务开发、发起攻势、关系培育、职业成长四个方面，详述了大客户营销的精髓	满满的全是干货
	成为资深的销售经理：B2B、工业品 陆和平 著	围绕"销售管理的六个关键控制点"——展开，提供销售管理的专业、高效方法	方法和技术接地气，拿来就用，从销售员成长为经理不再犯难
	销售是门专业活：B2B、工业品 陆和平 著	销售流程就应该跟着客户的采购流程和关注点的变化向前推进，将一个完整的销售过程分成十个阶段，提供具体方法	销售不是请客吃饭拉关系，是个专业的活计！方法在手，走遍天下不愁
	向高层销售：与决策者有效打交道 贺兵一 著	一套完整有效的销售策略	有工具，有方法，有案例，通俗易懂
	卖轮子 科克斯【美】	小说版的营销学！营销理念巧妙贯穿其中，贵在既有趣，又有深度	经典、有趣！一个故事读懂营销精髓
	学话术 卖产品 张小虎 著	分析常见的顾客异议，将优秀的话术模块化	让普通导购员也能成为销售精英

组织和团队	升级你的营销组织 程绍珊　吴越舟　著	用"有机性"的营销组织替代"营销能人",营销团队变成"铁营盘"	营销队伍最难管,程老师不愧是营销第1操盘手,步骤方法都很成熟
	用数字解放营销人 黄润霖　著	通过量化帮助营销人员提高工作效率	作者很用心,很好的常备工具书
	成为优秀的快消品区域经理 伯建新　著	37 个"怎么办"分析区域经理的工作关键点	可以作为区域经理的'速成催化器'
	一位销售经理的工作心得 蒋军　著	一线营销管理人员想提升业绩却无从下手时,可以看看这本书	一线的真实感悟
	快消品营销:一位销售经理的工作心得2 蒋军　著	快消品、食品饮料营销的经验之谈,重点突出	来源于实战的精华总结
	销售轨迹:一位快消品营销总监的拼搏之路 秦国伟　著	本书讲述了一个普通销售员打拼成为跨国企业营销总监的真实奋斗历程	激励人心,给广大销售员以力量和鼓舞
组织和团队	用营销计划锁定胜局:用数字解放营销人2 黄润霖　著	全方位教你怎么做好营销计划,好学好用真简单	照搬套用就行,做营销计划再也不头痛
	快消品营销人的第一本书:从入门到精通 刘雷　伯建新　著	快消行业必读书,从入门到专业	深入细致,易学易懂
产品	产品炼金术Ⅰ:如何打造畅销产品 史贤龙　著	满足不同阶段、不同体量、不同行业企业对产品的完整需求	必须具备的思维和方法,避免在产品问题上走弯路
	产品炼金术Ⅱ:如何用产品驱动企业成长 史贤龙　著	做好产品,关注产品的品质,就是企业成功的第一步	必须具备的思维和方法,避免在产品问题上走弯路
	新产品开发管理,就用 IPD 郭富才　著	10 年 IPD 研发管理咨询总结,国内首部 IPD 专业著作	一本书掌握 IPD 管理精髓
品牌	中小企业如何建品牌 梁小平　著	中小企业建品牌的入门读本,通俗、易懂	对建品牌有了一个整体框架
	采纳方法:破解本土营销8大难题 朱玉童　编著	全面、系统、案例丰富、图文并茂	希望在品牌营销方面有所突破的人,应该看看
	中国品牌营销十三战法 朱玉童　编著	采纳20年来的品牌策划方法,同时配有大量的案例	众包方式写作,丰富案例给人启发,极具价值
	今后这样做品牌:移动互联时代的品牌营销策略 蒋军　著	与移动互联紧密结合,告诉你老方法还能不能用,新方法怎么用	今后这样做品牌就对了
	中小企业如何打造区域强势品牌 吴之　著	帮助区域的中小企业打造自身品牌,如何在强壮自身的基础上往外拓展	梳理误区,系统思考品牌问题,切实符合中小区域品牌的自身特点进行阐述
渠道通路	快消品营销与渠道管理 谭长春　著	将快消品标杆企业渠道管理的经验和方法分享出来	可口可乐、华润的一些具体的渠道管理经验,实战
	传统行业如何用网络拿订单 张进　著	给老板看的第一本网络营销书	适合不懂网络技术的经营决策者看
	采纳方法:化解渠道冲突 朱玉童　编著	系统剖析渠道冲突,21 个渠道冲突案例、情景式讲解,37 篇讲义	系统、全面
	学话术　卖产品 张小虎　著	分析常见的顾客异议,将优秀的话术模块化	让普通导购员也能成为销售精英
	向高层销售:与决策者有效打交道 贺兵一　著	一套完整有效的销售策略	有工具,有方法,有案例,通俗易懂

通路精耕操作全解：快消品 20 年实战精华 周　俊　陈小龙　著	通路精耕的详细全解，每一步的具体操作方法和表单全部无保留提供	康师傅二十年的经验和精华，实践证明的最有效方法，教你如何主宰通路

管理者读的文史哲·生活

	书名．作者	内容/特色	读者价值
思想·文化	每个中国人身上的春秋基因 史贤龙　著	春秋 368 年(公元前 770 - 公元前 403 年)，每一个中国人都可以在这段时期的历史中找到自己的祖先，看到真实发生的事件，同时也看到自己	长情商、识人心
	内功太极拳训练教程 王铁仁　编著	杨式(内功)太极拳(俗称老六路)的详细介绍及具体修炼方法，身心的一次升华	书中含有大量图解并有相关视频供读者同步学习
	中医治心脏病 马宝琳　著	引用众多真实案例，客观真实地讲述了中西医对于心脏病的认识及治疗方法	看完这本书，能为您节约 10 万元医药费
	易经系辞大义 史幼波　著	结合人类社会的各种现象和人与人之间的复杂关系，系统阐述了《系辞》中蕴含的丰富思想	轻松掌握传统智慧精髓，从而达到修身养性的目的
	史幼波中庸讲记(上下册) 史幼波　著	全面、深入浅出地揭示儒家中庸文化的真谛	儒释道三家思想融汇贯通
	史幼波心经讲记(上下册) 史幼波　著	句句精讲，句句透彻，佛法经典的多角度阐释	通俗易懂，将深刻的教理以浅显的语言讲出来
	史幼波大学讲记 史幼波　著	用儒释道的观点阐释大学的深刻思想	一本书读懂传统文化经典
	史幼波《周子通书》《太极图说》讲记 史幼波　著	把形而上的宇宙、天地，与形而下的社会、人生、经济、文化等融合在一起	将儒家的一整套学修系统融合起来